RABINO DOR LEON ATTAR

OS SEGREDOS DA CABALA PARA SEU NEGÓCIO

Copyright© 2023 by Literare Books International
Todos os direitos desta edição são reservados à Literare Books International.

Presidente:
Mauricio Sita

Vice-presidente:
Alessandra Ksenhuck

Chief product officer:
Julyana Rosa

Diretora de projetos:
Gleide Santos

Capa:
Gabriel Uchima

Diagramação:
Cândido Ferreira Jr.

Revisão:
Rodrigo Rainho e Sérgio Nascimento

Chief sales officer:
Claudia Pires

Impressão:
Gráfica Paym

Dados Internacionais de Catalogação na Publicação (CIP)
(eDOC BRASIL, Belo Horizonte/MG)

A883s Attar, Rabino Dor Leon.
     Os segredos da cabala para seu negócio / Rabino Dor Leon Attar. – São Paulo, SP: Literare Books International, 2023.
     16 x 23 cm

     ISBN 978-65-5922-625-2

     1. Negócios – Aspectos religiosos – Judaísmo. 2. Sucesso nos negócios. I. Título.

CDD 296.1

Elaborado por Maurício Amormino Júnior – CRB6/2422

Literare Books International.
Alameda dos Guatás, 102 – Saúde – São Paulo, SP.
CEP 04053-040
Fone: +55 (0**11) 2659-0968
site: www.literarebooks.com.br
e-mail: literare@literarebooks.com.br

PREFÁCIO

PRIMEIRO, LEIA ISTO! Há coisas que acontecem na vida que não há explicação, mas, também, não é por acaso. Um pouco antes do final do ano de 2017, "passeava" pelo YouTube, e dei de cara com um vídeo que me chamou a atenção: "Cabala para uma vida melhor" com o Rabino Dor Leon Attar. Como sou um profundo estudante e pesquisador da Sabedoria Milenar Judaica, resolvi assistir tal vídeo.

De uma forma "tranquila", e com profundo "conhecimento", o Rabino Leon falou sobre os cinco hábitos saudáveis para ter sucesso na vida. Mas o fato é que esse vídeo mudou por completo minha vida. O vídeo foi como uma "luz" atingindo meu "cérebro" e meu "coração". Dali em diante, a minha jornada em busca do conhecimento sobre a Sabedoria Milenar Judaica ganhou um novo impulso graças ao Rabino Leon. Tornei-me um "buscador".

Comecei a ler, pesquisar e buscar incansavelmente tudo o que se referia à Sabedoria Milenar Judaica. E, para minha surpresa, descobri algo ainda mais fascinante: o Judaísmo não é somente a Torá escrita ou literal, havia algo muito maior do que isto, e este "algo" responde pelo nome de "Cabala". Passei, então, a estudar tudo sobre a Cabala. E quanto mais eu pesquisava e buscava, mais certeza eu tinha de que a Torá não era somente um conjunto de livros. Havia algo a descobrir.

O que acontece é que a Torá "esconde" tesouros preciosos, e poucos conseguem elevar seu nível espiritual para enxergar esses verdadeiros tesouros que estão "escondidos" dentro da Torá. Portanto, descobrir esses "tesouros" ocultos é o grande desafio. Com a Cabala, é possível "enxergar" esses "tesouros" ocultos que estão dentro da Torá. A Cabala "mergulha" na Torá, revela esses segredos e traz suas profundezas para a luz! Somente aqueles de "elevada" estatura espiritual conseguem descobrir tais "tesouros" que estão além das "letras" e, aqueles com estatura espiritual mais elevada ainda, se transformam em um "canal" para trazer esses "tesouros" aos outros também.

O Rabino Leon é o "canal" que fará chegar até você esses "tesouros", a fim de que possa "enxergá-los" para mudar sua vida e seus negócios. A obra que você está prestes a ler abrirá para sempre seus "olhos". A partir de agora, você não terá mais "olhos" e, sim, uma "visão", pois este livro não fala de Religião, mas, sim, de sabedoria! O Rabino Leon não escreveu um livro, ele prestou um serviço à humanidade! "A cabala para os negócios" é mais que um livro. É o seu FUTURO! Muito obrigado!

Edílson Lopes
(Fundador do Grupo K.L.A. Educação Empresarial)
São Paulo, Maio, 2022.

São Paulo, 10 de Sivan 5782

Como é público e notório, o Rabino Dor Leon Attar vem, por meio de seus livros e palestras, inspirando e iluminando o caminho de muitas pessoas, com seus maravilhosos ensinamentos. Que Hashem abençoe a obra de suas mãos para cumprir o ensinamento da Mishná (Pirkei Avot, 1:1): "Levante muitos discípulos", ou seja, não somente ter alunos, mas, principalmente, levantá-los e colocá-los em um ponto de luz.

Que possamos já receber a revelação de Mashiach bem em breve e em nossos dias.

Rabino Yacov Gerenstadt

OS SEGREDOS DA CABALA PARA SEU NEGÓCIO

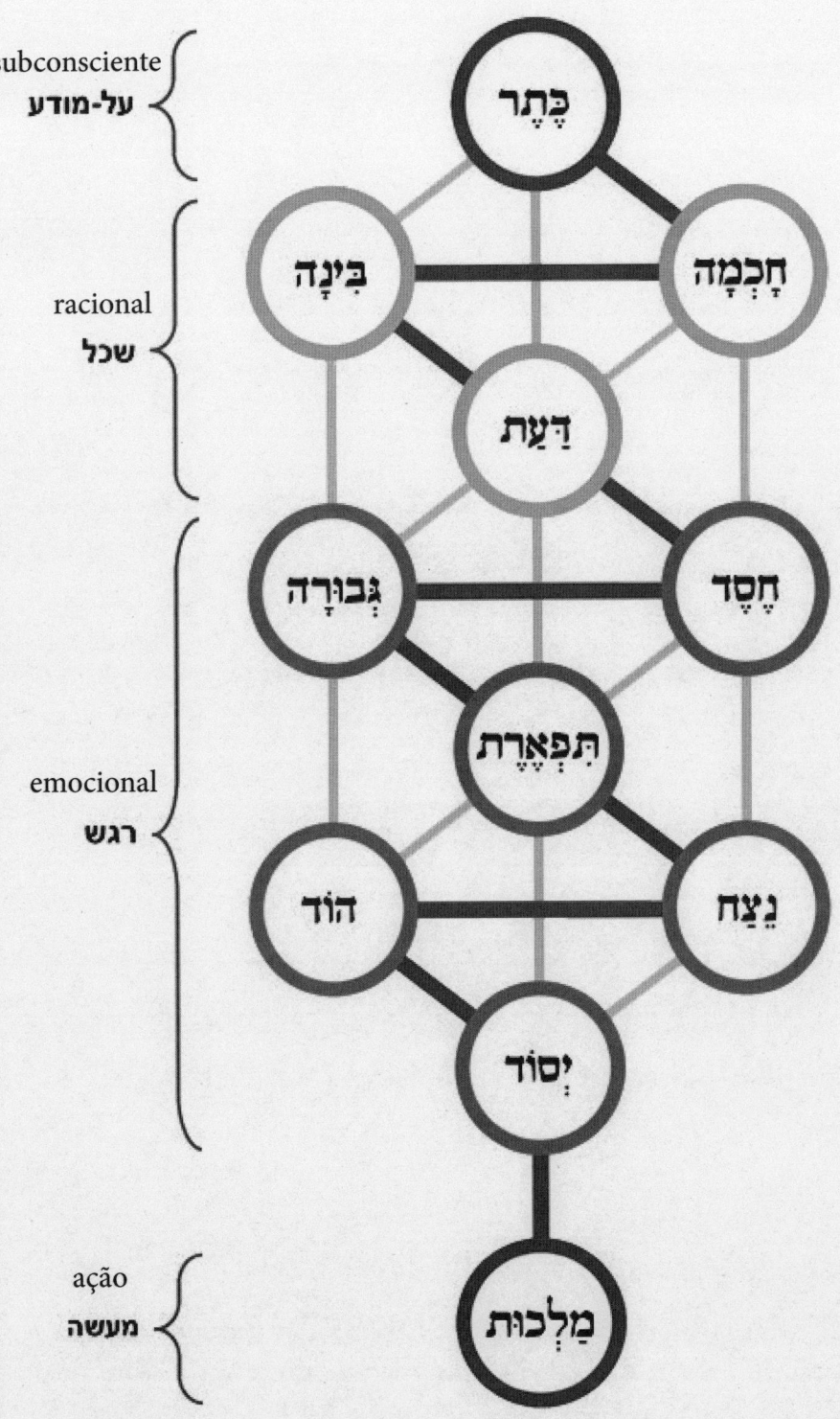

SUMÁRIO

INTRODUÇÃO	13
1. A VIDA COMO UM PROCESSO	17
2. O QUE É ESPIRITUALIDADE NO JUDAÍSMO?	21
3. O QUE É CABALA, CONCEITOS BÁSICOS	27
4. A APLICAÇÃO DA CABALA NO SEU NEGÓCIO	33
5. O SUCESSO DOS PATRIARCAS: UMA LIÇÃO PARA NEGÓCIOS DE SUCESSO	95
6. O SUCESSO DE YOSSEF, JOSÉ NO EGITO	111
7. A CABALA DO RECIPIENTE E A HISTÓRIA DO PROFETA ELISEU	119
8. A CABALA DO DINHEIRO KESEF	125
9. A CABALA DA TSEDAKA - צדקה	135
10. PONTO-FINAL OU PONTO DE PARTIDA: NEGÓCIOS E FÉ	145
11. E AGORA? QUAL SERÁ O MEU PRÓXIMO PASSO?	153

INTRODUÇÃO

Nossa vida é um quebra-cabeça infinito, ao longo dela estamos juntando as peças; e a imagem fica cada vez mais clara. A imagem de quem somos nós e qual é nossa missão e propósito de vida. Muitas vezes, nós tentamos acertar peças de outro jogo em nossa imagem de vida, peças que nunca serão parte nem combinam com a imagem.

Fora que há muitas mentiras que contaram para nós, que Adão foi castigado quando foi tirado do Éden, e o castigo era "trabalhar" para ter sustento; e Eva foi castigada com parto doloroso para dar luz aos filhos. Não há nada tão longe da nossa realidade, sendo que para ter filhos há mulheres que farão todo o possível e mais; e o fato é que um homem fará tudo a fim de ter um trabalho para ganhar seu pão e sustento. A economia mundial depende da força de trabalho até que todo noticiário abra com os índices de desemprego. Por simples entendimento de que não somos masoquistas, ou procuramos sofrer, sendo que ter filhos ou trabalho não é um castigo! Mas são ferramentas essenciais para nós cumprirmos nossa missão neste mundo.

Quando Adão e Eva foram tirados do Éden, eles receberam uma missão, mas, para cumpri-la, o homem precisaria trabalhar: regar a terra e suar a camisa, como dizem. E a mulher precisaria trazer vidas novas para nosso mundo. E o comum entre ambos é que, em nenhum dos casos, é possível fazer isso sozinho. Para conseguir cumprir a sua missão neste mundo, você precisa entender que precisa se relacionar! Isso mesmo, relacionamentos, ou melhor, a capacidade de se relacionar com o maior número possível de pessoas vai trazer você mais perto do seu destino; pelo motivo de que nada pode ser feito somente por um ser humano, mesmo para se ter filho são necessários no mínimo dois. E, com certeza, também nos negócios.

Neste livro, vou apresentar para vocês, meus amigos, além de conhecimento profundo da sabedoria judaica da Cabala, também as ferramentas para se relacionar melhor com os demais, já que isso é uma questão principal do tamanho do sucesso que você vai ter.

Você lerá sobre os conceitos básicos da Cabala, e a ligação com o mundo dos negócios. E para começar, eu não consigo fazer isso sozinho; depois de terminar de ler o livro, coloque em prática as lições que aprendeu para realmente o conhecimento fazer efeito. Então, segure firme: estamos indo para uma viagem que desmistifica os segredos da Cabala para os negócios!

CAPÍTULO 1

A VIDA COMO UM PROCESSO

CAPÍTULO 1

A VIDA COMO UM PROCESSO

A base do judaísmo está no momento histórico monumental para a humanidade, que é a revelação divina no Monte Sinai, quando os judeus fizeram uma aliança eterna com o Criador, a fim de serem os servidores escolhidos para revelar a divindade no mundo físico.

Neste momento, um povo de escravos recém-libertados recebe as orientações para fazer um mundo físico mais receptivo para uma revelação divina num mundo ideal.

Mas nem tudo começou assim. No início era um caos, no início estava

CAPÍTULO 1

tudo bagunçado, provavelmente para que arrumemos o mundo que foi criado para nós.

Quando o Criador fez o pacto com o povo judeu no Monte Sinai, Ele nos deu a Torá escrita (Bíblia), e junto com ela, nos deu a Torá oral, que é a explicação de como cumprir a lei escrita. Já que no escrito não está registrado como cumprir as orientações na Torá escrita, ou como nos referimos ao manual do criador (fabricante).

Na história judaica, cheia de escrituras que debatem a forma correta de cumprir e agir perante a Torá escrita, milhões de páginas foram escritas sobre os assuntos da Torá e de como executar.

E junto com todo esse conhecimento, em forma mais oculta, transmitida de modo mais reservado, para que, quando chegar o momento mais adequado, o mundo seja mais capaz e mais "adulto" para entender OS POR QUÊS das leis e das orientações; e o que acontece quando você faz o que faz, quando você faz aquilo que você faz, e os resultados nos mundos espirituais e físicos (lembrando aquela teoria do caos, em que uma borboleta bate as asas na China, e no outro lado do mundo acontece um tsunami). Quando o ser humano mexe aqui no mundo físico, ele gera uma reação nos mundos superiores, que em retorno causa acontecimentos no mundo físico. Isso é o círculo do equilíbrio físico e espiritual.

E a nossa missão é trazer equilíbrio para esse círculo; sim, cabe a nós trazer esse equilíbrio. É isso o processo da vida, cada vez revelar mais luz divina num mundo físico oculto.

CAPÍTULO 2

O QUE É ESPIRITUALIDADE NO JUDAÍSMO?

CAPÍTULO 2

O QUE É ESPIRITUALIDADE NO JUDAÍSMO?

Você é dono de negócio? Quer ter um negócio? Está em busca de empreender? Ou talvez você esteja querendo seguir para o outro lado da vida, para uma vida de tranquilidade e calma espiritual? Você quer ter a vida que viu nos cinemas e nas novelas? Ou está cansado, desgastado e sem motivação nem para sair da cama de manhã?

Muitos hoje em dia estão numa busca incansável para achar uma espiritualidade e a elevação da alma, onde em um mundo material o foco desde pequenos é ter que buscar a excelência e as boas notas, sempre sermos os melhores; e falhar não é algo visto com bons olhos. Mas o resultado disso é que 80% das pessoas estão com algum tipo de doença ligada ao estresse. No meu livro *O segredo da prosperidade judaica* falo, com mais detalhes, como detectar as doenças e como alcançar a cura delas. Num mundo em que temos epidemia de depressão e mortes ligadas ao estresse, vivemos uma onda de *"new age"*, centros de meditação e novos conceitos de viver, justamente por causa do entendimento de que o foco no final não é a matéria, o foco não é o mundo físico, mas, do outro lado, ninguém consegue viver somente do ar, ou isolado da sociedade, nem contribui com uma mente sã.

O ser humano é uma criatura social que, para sua saúde física e mental precisa de sociedade, precisa de outros seres humanos, em vários aspectos, para ter uma vida significativa.

Na busca por espiritualidade, por falta de conhecimento, ou pior, por propaganda enganosa, nós pensamos que ser espiritualizado significa termos de nos desligar do mundo e da sociedade, talvez não somente nos isolarmos numa floresta ou num templo budista nos Himalaias ou pensar que, mesmo morando na cidade, ao praticar meditação e ioga ou quaisquer doutrinas orientais, nos transformemos em seres mais espirituais. Na verdade, isso não lhe traz mais espiritualidade, mas sim uma tranquilidade de mente. Isso não é espiritualidade. Pode trazer mais benefícios para a saúde e para a mente, porém isso não significa que você é mais espiritual.

O QUE É ESPIRITUALIDADE NO JUDAÍSMO?

O meu mestre, o ilustre Rebbe de Lubavitch, em um dos discursos dele, fala que apesar de muitos pensarem que somos seres físicos com experiências espirituais, eu vos digo que somos seres espirituais com experiências físicas.

Nossos sábios nos ensinam que cada criação tem uma energia, uma alma, e que nosso trabalho é revelar o espiritual de dentro da matéria. Isso pode ser feito somente quando você está envolvido com a matéria, mas se envolvendo com a matéria, a matéria não o envolve.

Espiritualidade no judaísmo é você entrar no mundo físico com cabeça focada em revelar a alma da matéria, revelar o objetivo profundo da sua criação.

Muitos perguntam se existe alguma "Cabala" ou, em outras palavras, uma simpatia ou milagre que vai cortar o caminho, que pode ajudar. Na verdade, procurem uma saída do buraco em que se colocaram, um buraco onde não há água, mas sim cobras e escorpiões, como na história de José no Egito. Imagine um jovem de 17 anos vendido como escravo pelos próprios irmãos. Depois de anos de trabalho como escravo na casa de um ministro de faraó, ele é jogado na prisão por algo que não fez, e lá na prisão permanece por 12 anos. E, em uma manhã, ele é levado como prisioneiro para o faraó, a fim de desvendar seus sonhos; e no final do dia ele já é vice-rei do Egito, a potência da época.

O incrível nessa história toda é que José, que podia vingar os irmãos e poderia ficar amargurado todos esses anos, entendia que tinha um objetivo maior, e uma missão dada por Deus para ele chegar aonde queria.

CAPÍTULO 2

Com certeza, ele conseguiu revelar o lado espiritual de dentro da matéria e se autotransformar, e virar o rei do mundo! Você também pode! Isso é possível, porém não será fácil. Lembre-se de que todo sucesso da noite pro dia demora mais ou menos dez anos de trabalho, dedicação e disciplina. Mãos à obra!

CAPÍTULO 3

O QUE É CABALA, CONCEITOS BÁSICOS

CAPÍTULO 3

O QUE É CABALA, CONCEITOS BÁSICOS

Em nosso mundo, existem várias crenças, e cada uma direciona, ou melhor, tenta direcionar você para a direção do paraíso que ela acredita.

No judaísmo, existe uma diferença fundamental, de que tudo que é ordenado para nós judeus e/ou não judeus está direcionado para fazer um mundo melhor!

Numa vida física que parece oposta à espiritual, onde tem crenças que promovem o desligamento da matéria e basta só focar no espiritual, a base para nossa vida judaica é a Torá. Você pode achar

CAPÍTULO 3

que é uma tradução da Bíblia ou algo parecido, mas, na verdade, é a base do judaísmo. São só cinco livros de Moisés, e deles derivam os profetas e os escritos que completam o cânone judaico. Torá em hebraico, ou A Torá, é traduzida literalmente como "instruções" ou "orientações", e isso se refere à nossa vida, orientações para como devemos viver nossa vida, em outros termos: "manual do fabricante".

Dentro desse manual, nós temos várias orientações e instruções, como, além de viver, se comportar, fazer do nosso mundo um mundo ideal e mais divino.

Nosso objetivo no mundo judaico orientado pela Cabala é fazer este mundo físico mais espiritual.

Muitas dessas orientações foram passadas oralmente ao longo de gerações; havia épocas em que todos eram conhecedores desses conhecimentos que, hoje, para nós, é oculto. Parte desses conhecimentos que passaram oralmente é chamada de A Cabala. Por isso, é importante entender o que é CABALA ou A CABALA.

Em hebraico, significa receber, literalmente. Não sendo um conhecimento que não era escrito, mas, sim, que foi recebido de mestre para aluno, até que nossos sábios colocassem no papel a maior parte desse conhecimento. Esse conhecimento a que nos referimos também conhecido como Torat Hasod, ou em português, estudos secretos, ou ainda conhecimento oculto. Você percebeu a contradição? Se nós ensinamos algo que é secreto, ele deixa de ser secreto.

No judaísmo, o termo correto é conhecimento oculto. Conhecimento, como qualquer conhecimento, é para ser estudado e ser conhecido. A Cabala são estudos do conhecimento oculto, pelo simples motivo de que a Cabala é a ALMA do judaísmo; nossas almas estão ocultas dentro dos nossos corpos, dentro do mundo físico.

Nosso trabalho é revelar essa parte oculta da nossa alma para o mundo brilhar e o físico ser mais espiritual.

Espero que você tenha entendido que A CABALA não se trata de magia, nem de bruxaria, muito menos de ocultismo, que você deve escutar por aí mundo virtual afora. Mas é conhecimento profundo do objetivo da criação do mundo físico. Então, por que a Cabala, esse conhecimento importante está oculto? Por que não é revelado abertamente para todos?

Entenda, da mesma forma que você precisa entrar para a faculdade a fim de estudar Medicina por 4 a 5 anos, e depois ainda passa anos de estágio e especialização para poder conhecer e praticar a Medicina, e jamais pode se considerar médico somente por assistir todas as temporadas de *House* ou *Grey's Anatomy*, a Cabala não é diferente, trata-se de um conhecimento para revelar o mais oculto das profundezas da nossa essência. Por esse motivo, mesmo que nós tratemos esse conhecimento com muito cuidado, porque sendo uma cirurgia de coração ou, mais ainda, neurocirurgia, já que a nossa alma, conforme a Cabala, reside no crânio.

Hoje a ciência chegou ao nível de entendimento de que, na base de tudo, tudo é feito de energia. Essa energia mais densa cria matéria, menos densa. Podemos achar que é espiritual, mas ninguém acha que a eletricidade é algo espiritual, ou acha que o Wi-Fi é divino, apesar de muitos o idolatrarem.

CAPÍTULO 3

O objetivo da Cabala é revelar o espiritual dentro da matéria.

Saiba que, por meio de cada ato, cada ação positiva ou negativa, sendo egoísta ou altruísta, essa é a presença de um objetivo espiritual energético. Somos donos das nossas escolhas e dos nossos atos, mas não somos donos das consequências e resultados. Deixe-me explicar. Quando faz uma boa ação de caridade, você cria uma nova onda energética, que partiu direto da sua alma para o outro, para o bem do outro. Isso significa que você acabou de revelar o lado espiritual, e eleva o físico para o nível mais espiritual.

Do outro lado, quando você age com egoísmo, mesmo sem ser mal-intencionado, mas somente pensando em si mesmo, e não no outro, acaba causando danos ao próximo. Isso traz consequências, pelo simples motivo de que você, em vez de compartilhar sua alma, acaba usando ou desfrutando do outro sem autorização dele. Isso cria manchas no registro energético e contamina sua alma com impurezas. No meu livro *O segredo da prosperidade judaica*, eu explico como nossas ações do passado responsáveis pelos infernos da saúde levam as pessoas à morte. Mas segundo a Cabala, quando você entende os motivos profundos e espirituais para tudo, o físico simplesmente manifesta o mundo espiritual. Você muda sua forma de ver as coisas, de se comportar e, com certeza, vai transformar sua vida!

CAPÍTULO 4

A APLICAÇÃO DA CABALA NO SEU NEGÓCIO

CAPÍTULO 4

A APLICAÇÃO DA CABALA NO SEU NEGÓCIO

Para que preciso da Cabala para meu negócio?

Negócios e o mundo espiritual aparentemente não andam juntos. O mundo dos negócios está movido por dinheiro, metas, estresse; na verdade, o mundo capitalista envolve muito estresse, é motivado por conquistas materiais. Aparentemente, o mundo espiritual é movido por vontade de ter paz de espírito, calma, elevação e divindade; a espiritualidade, no mundo judaico, é um conceito bem diferente do que o mundo

CAPÍTULO 4

ocidental e oriental definem para esse conceito.

O local mais sagrado e mais espiritual para o povo judeu é o templo em Jerusalém (mesmo que até estas linhas fossem escritas, ele não foi reconstruído, em breve, teremos novidades). É o local onde foram oferecidas centenas, senão milhares de animais ao altar como oferenda (o serviço de oferendas no templo sagrado consistiu, por muitos motivos, em festas, partos, dízimos, etc.). A ideia das oferendas de animais no templo, além de servir algo sagrado, era intencionada em elevar o mundo da matéria para os níveis mais elevados, sendo que, junto com a oferenda viva, foram também colocadas ervas que representam o mundo vegetal, e sal, que representa o mundo mineral, e o ser humano, que entregou a oferenda, é o mundo falante (no judaísmo temos quatro grupos específicos: o mineral, vegetal, animal e o homem, que é o falante). O templo parecia mais casa de abate do que um templo de Deus. Mas você deve entender que essa é uma das formas de nos elevar à matéria para revelar a alma de dentro da matéria. No judaísmo, espiritualidade é quando você, de dentro do mundo físico, envolvido com o mineral vegetal e animal, eleva-os ao nível de falante.

Isso me lembra uma história. Uma vez, numa palestra de um famoso rabino: uma pessoa da plateia perguntou a esse rabino "já que os judeus falam que a espiritualidade é no mundo material, o Dalai Lama não é um exemplo de pessoa espiritual?" Então, o rabino olhou para ele pensativo e sorriu; e logo respondeu: "Uma excelente pergunta, mas queria ver quanto o Dalai Lama é espiritual na hora que a esposa liga e pede para buscar algo do supermercado, ou quando o chefe liga cobrando o serviço a ser feito, ou quando as contas chegam e o gerente do banco está na linha! É muito fácil ser 'espiritual' quando você se isola do mundo, quero ver ser espiritual dentro do mundo".

Esse é o ponto quando se trata do segredo cabalístico do seu negócio!

Revelar a alma do seu negócio, trazer uma revelação de luz e iluminar o mundo.

No judaísmo, temos 613 mandamentos a ser seguidos (pelos judeus, os não judeus são orientados a seguir as sete leis universais de Noé).

Muitos dos mandamentos são ligados ao mundo mundano de negócios, como deve ser o trabalho, tanto no campo como finanças, com trabalhadores e funcionários, e até com a concorrência. Justamente para saber e lembrar que o objetivo do mundo de negócios não é somente ganhar dinheiro, mas sim revelar a alma do seu negócio. Assim, elevar o seu negócio a outro nível de sucesso!

A Cabala nos ensina que em cada um de nós reside um animal adequado a ser abatido no altar do templo. Isso representa os instintos animais e as vontades físicas que cada ser humano tem, cada um no nível dele. Há uns que são bois, brutos, mas fortes e insistentes, tem uns que são cabritos, que são teimosos, bravos, mas também são ágeis para alcançar qualquer

CAPÍTULO 4

destino. E temos os cordeiros, que são meigos e fáceis de ser dominados (muitas vezes, por outros).

Numa empresa, você vai encontrar todos os tipos, além de alguns que não são válidos para serviço divino.

Temos as cobras, os lobos etc. Está claro, não é?

No seu negócio, você vai encontrar todos, e vai ter que saber quais você quer oferecer no altar! Não, não mate ninguém! Mas, sim, saiba ser um pastor, líder de verdade, que sabe colocar cada um no seu lugar e liderar cada um com as suas próprias qualidades. Entenda, boi jamais será um cordeiro. Não espere que ele sente e aguarde você pedir ajuda; ele vai abrir o caminho! E se você precisa de alguém para trazer novas ideias, precisa de alguém tipo um cabrito. Evite as cobras e os lobos, lembre-se de que não são animais kasher (adequados para consumo e/ou oferendas no templo, conforme as leis judaicas).

O mundo dos negócios parece uma terra sem regras e, quem for mais valente, mais cruel e mais materialista vai ter sucesso. Mas, com a evolução do mundo e da humanidade, estamos vendo que extremismo para qualquer lado não é uma boa ideia.

Tudo ou nada sempre acaba em nada. Quando aplica o conhecimento da Cabala no seu negócio, você revela o espiritual e o divino de dentro da matéria. E isso traz um equilíbrio, para um negócio saudável e próspero.

Termos da Cabala

Este livro tem o objetivo de levar a você o conhecimento mais espiritual e elevado do judaísmo e lhe mostrar como aplicá-lo no seu dia a dia, no seu negócio. Duvido que, por meio desta leitura, você virará um grande rabino ou vai transformar água em vinho. Mas aplicando os ensinamentos que eu vou lhe passar, tenho certeza de que sua vida profissional e pessoal em todos os aspectos vai transformar você em uma pessoa melhor, em todos os pontos da sua vida. Portanto, para entender um pouco dos termos que são usados nos estudos da Cabala, tem que saber quais são e o que são!

Para que realmente saiba como aplicar o conhecimento na sua vida, da forma correta, e tirar maior proveito do seu negócio.

Luz Infinita

Uma metáfora para Deus. Deus é incognoscível e sem forma, porém todas as formas se expandem a partir Dele. A ideia de luz ilimitada ajuda a comunicar esse conceito. Porém, a essência de Deus está além até do infinito. E Deus é encontrado nas trevas, assim como é encontrado na luz.

É importante ressaltar que nem o termo luz faz justiça à ideia, mas é o mais próximo conceito que, nós, seres limitados conseguimos entender. Mas como uma luz infinita requer uma limitação para poder ser aproveitada, ou em outras palavras, tentando simplificar, mas não tirar o mérito, tudo no

CAPÍTULO 4

físico e reflexo do espiritual. Portanto, imagina a fonte de luz em nosso mundo, que é o sol, para que se aproveitar da luz do sol e do calor se precisamos que a Terra fique 150 milhares de quilômetros do sol e ainda precisamos de várias camadas de defesa para que a luz que chega a nós na superfície promova a saúde e a vida. Quando não temos essa proteção, esse ocultamento, ela pode matar.

Luz e recipientes

Similar à ideia moderna de energia e matéria, o ato da criação é sustentado por meio de uma dinâmica de luz infinita comprimida em estados definidos chamados "recipientes", que então projetam a luz para criar uma infinidade de seres. Exemplo: a nossa alma, que é espiritual, Luz num corpo físico, que é um recipiente. Outro exemplo para entender melhor: uma lâmpada que é a recipiente e a eletricidade, que quando está passando na lâmpada gira luz, da mesma forma que uma alma no corpo gera vida. Quando a luz é mais forte do que o recipiente, e este não consegue aguentar a presença de tanta iluminação, no caso da lâmpada, ela queima, no caso do corpo e alma, ocorre a morte.

Para que possamos ter mais luz nas nossas vidas, vamos aprender como aumentar nosso recipiente.

União de opostos

O universo inteiro é uma união dinâmica de macho e fêmea. A alma-vida do universo, conhecida como alma humana, anseia por se reunir com sua origem dentro de Deus. O estudo da Torá e o cumprimento das mitsvot provocam essas uniões, permitindo, assim, que a luz nova e transcendental penetre no cosmos.

> *"E criou Deus o homem à sua imagem; à imagem de Deus o criou; Macho e Fêmea os criou."*
>
> **Gênesis 1:27**

Como escrevi nos meus livros anteriores, o homem foi criado com todos os poderes para ser um criador da própria vida, e esse homem foi criado completo, macho e fêmea, significa que, dentro de si, ele tem dois poderes, não se ele ou ela fossem homem ou mulher, mas influentes ou influenciados, criadores ou criaturas.

Tudo em nosso mundo tem essa dualidade, o mesmo pode ser influente ou influenciado. Mais à frente, nós vamos elaborar o assunto e a importância de ter o equilíbrio entre os dois!

Tsimtsum – limitação ou ocultamento da luz

Os livros dos sábios do nosso povo explicam o processo da criação do nosso mundo físico como um processo de limitação da luz infinita, justamente para que haja vida física. Nesse processo, o criador oculta de nós a luz infinita Dele, mas não diminui Sua Presença, para nos aparecer como uma limitação, mas na mesma for-

CAPÍTULO 4

ma que a luz do sol, sem as camadas protetoras ao longo do caminho do espaço e as camadas de proteção da atmosfera, até que chega para que tenha uma energia solar que nutre e promove vida na Terra. No caso, se não houver essas camadas de proteção, o ocultamento dessa luz, todos nós seremos mortos. Portanto, para que haja vida física, precisa ter um Tsimtsum - ocultamento da luz divina que engloba tudo e preenche tudo.

Aplicando isso ao mundo dos negócios, a limitação pode ser chamada de definição, ou, em outras palavras, metas, missão e objetivos. Para criar, precisa de limites, para definição clara e objetiva, para ter um negócio vivo e crescente.

O mais difícil no mundo da Cabala é tentar entender ou, por outro lado, explicar os termos espirituais de uma forma inteligível para nós seres limitados, seres criados.

Um dos mais complexos é a ideia do Tsimtsum, sendo no hebraico de hoje a palavra Tsimtsum traduzida como diminuir.

Sendo no processo espiritual, nada foi diminuindo, mas se formando, e, em certo ponto, criando entendimento para algo inatendível. Em outras palavras, a água não muda, mas o que muda é o copo ou outro recipiente, que, por meio do recipiente, nós conseguimos entender, sendo o recipiente definido pelo que o preenche. O simples copo vira copo de água, ou o corpo morto (sem alma) vira ser vivo quando preenchido com alma vital.

O Tsimtsum, no final, tem dois propósitos: o primeiro para nos dar a possibilidade de existir, e o segundo para nos dar a capacidade de evoluir por meio do entendimento do propósito da existência.

Encadeamento

O eterno se oculta, para que haja criação conforme as leis da natureza (natureza em hebraico é TEVA, que tem valor numérico de 86, equivalente ao nome Elokim, que significa todo poderoso ou o dono de todos os poderes). Os sábios da Cabala nos ensinam que o Criador tinha vontade de compor um mundo físico a fim de beneficiar as criaturas, mas para que possam ser criadas, precisam sentir como têm individualidade, por isso Ele criou as leis da natureza, da física (mesmo a ciência ainda está no processo de descobrir todas) para que nós, criaturas, possamos ir além de ter existência, individualismo; e para que possamos evoluir, é preciso haver um processo de causa e efeito; ação e reação. Quando a luz infinita se revela com a sua intensidade, é impossível ter vida, igual a uma vela jogada na fogueira: perde toda a existência e o efeito de servir como luz. O processo de encadeamento é o processo que dá vida para nosso mundo físico. Nível após nível, a luz infinita desce ou, melhor, revela-se em nosso mundo físico em uma forma menos intensa. Uma observação a ser feita: mesmo com o ocultamento da luz, ele não perde nada de seu poder, ele está oculto somente para nós.

Repetindo, o termo luz é somente a forma mais próxima para descrever a energia divina que emana do Criador.

O processo de encadeamento é feito por meio de

CAPÍTULO 4

mundos espirituais e camadas de proteção, que são os quatro mundos e as Dez Sefirot.

Ação e reação, causa e efeito, são a base da nossa existência; e entendendo que nossa missão no mundo é revelar a luz divina no mundo físico, podemos e devemos utilizar o processo de encadeamento para esse objetivo.

Os quatro mundos da Criação

1. Mundo de Atzilut (Nele)

Esse é o mundo entre a Luz Infinita e os mundos separados, mundos BYA (Briaá - Criação, Yetsira - Formação, Assia - Ação). Atzilut é a anulação total para Luz Infinita, ao contrário dos mundos BYA, mundos que são criados. No momento em que surgiu a vontade de criar o pensamento, já se manifestou. Tanto a vontade como o pensamento são algo que pertence ao dono, e são internamente anulados por ele. Mas, ao mesmo tempo, a vontade e o pensamento são como criação e criador, infinito. E vontade e pensamento já são algo definido, mas, ao mesmo tempo, anulado pelo dono.

2. Mundo da Criação (Briaá)

O Mundo da Criação é o primeiro dos mundos de BYA, considerado mundo separado e, portanto, ele é chamado como "Criação". O Mundo da

Criação também é chamado de Mundo do Trono ("Korsia" no Zohar). Neste mundo, "assentamento" de um rei, mais abaixo da cabeça, mas ainda está sendo reverendo, onde se emana a luz da Sefira de Bina de Atzilut (nós vamos abordar isso na continuação do livro, sobre as Sefirot). Esse é o começo dos mundos separados, mas porque parece que o mundo (separado do criador) é, principalmente, bom e um pouco mau. Mundo da Criação (Briaá) é uma seleção das almas dos justos no céu e anjos superiores (Serafim).

3. Mundo da formação (Yetsira)

Mundo da Formação é o segundo mundo nos mundos de BYA. Ele é formado pelo bem e pelo mal (conceitos judaicos espirituais, diferentes do entendimento humano) em equilíbrio.

A função do Mundo da Formação é iluminar os atributos da Atzilut para o mundo inferior e servir como proteção e ocultamento para o mundo físico. É por isso que esse mundo é a seleção dos anjos e animais sagrados (como relatado nos livros dos profetas Isaías e Ezequiel).

4. Mundo da Ação (Assiaá)

Mundo da Ação é o último dos mundos de BYA, é o mundo mais inferior dos mundos e o mais limitado. Por ser mais baixo e mais distante (forma figurativa)

CAPÍTULO 4

espiritualmente, no Mundo de Ação existe pouco bem e muito mal (ocultamento). Nele emana a luz (influência) da Sefira de Malchut de Atzilut.

O Mundo de Ação é dividido em duas partes: primeira, o lado espiritual de ação, que inclui as Dez Sefirot do Mundo da Ação (que são o foco do nosso livro), os anjos e as almas deste mundo; a segunda parte é o lado físico da ação, é o mundo físico, os corpos físicos e humanos, e toda a criação física, que é conhecida para a ciência, e aquela que está palpável e analisada por ela, a ciência.

As 3 vestimentas da alma

Uma das coisas que causam maior confusão na vida de muitos é o entendimento, ou melhor, a falta de entendimento, de quem somos. Isso influencia diretamente nossa fala e nossos comportamentos com o ambiente. Como no mundo dos negócios, precisam ser bem definidos os objetivos e as metas do seu negócio, isso na base do total conhecimento do que você está fazendo, e profissionalizado no tal ramo em que a sua empresa está inserida.

Não podemos ter corpo saudável com corpo doente e vice-versa. Não adianta você ter um corpo saudável com uma mente desequilibrada.

Portanto, para ser um líder de sucesso, precisa ter equilíbrio mental e, claro, corporal, mas se o líder está desequilibrado, não pode esperar que os liderados ou a empresa tenham sucesso! Com isso, todos precisam conhecer as nossas vestimentas da alma, que são o pensamento, a fala e a ação.

Antes de tudo, entenda que, conforme os nossos sábios, o corpo é um veículo para a alma, onde a alma da vida foi soprada em nossos corpos, conforme as escrituras.

> *"E formou o Senhor Deus o homem do pó da terra, e soprou em suas narinas o fôlego da vida; e o homem foi feito alma vivente."*
>
> **Gênesis 2:7**

Como você pode enxergar que não somos um corpo vivo, mas, sim, somos ALMAS VIVENTES, ou melhor, almas vivas em corpos físicos.

O Rebbe de Lubavits dizia em um dos seus discursos: "Quando o mundo pensa que somos seres físicos com experiências espirituais, vos digo que somos seres espirituais com experiências físicas!"

Desse modo, a nossa alma precisa expressar por meio do corpo físico. Essa forma de se expressar é chamada na Cabala de VESTIMENTA. Sendo alma sem corpo, não há como se expressar no mundo físico.

Portanto, negócio sem alma e sem corpo não tem como cumprir suas metas e seu destino!

CAPÍTULO 4

Você pode me perguntar: como aplicar isso no seu negócio e, portanto, em qualquer área da sua vida?!

O pensamento

De onde vem o pensamento? Para onde vai o pensamento?

Sabemos que não existe mente livre de pensamento, mesmo os que "meditam" e tentam esvaziar a mente de pensamento, não deixam de ter pensamentos.

Disse o filósofo René Descartes: **"cogito, ergo sum"**; traduzido literalmente, "penso, logo existo". Já que não é um livro de filosofia, mas de Cabala e judaísmo, a ideia de pensamento vai muito além do simples existir! O pensamento é o primeiro contato que nós temos com o espiritual, sendo que nós estamos no mundo físico. O pensamento é a manifestação de algo espiritual num recipiente físico, que é a nossa mente.

Para que possamos captar o pensamento, é igual tentar correr atrás do vento, podemos tentar estocá-lo, mas também podemos criar um vento ou ser influenciados pelo outro que faz vento em nossa direção.

O pensamento é o primeiro nível de contato expressivo da nossa alma com o mundo físico. Você pode argumentar que pensamento é algo não palpável, não tem como controlar ou influenciar nossa vida física, mas isso é muito errado, pois você mesmo, que adora assistir a filmes, já experimentou a influência do pensamento no seu físico. Quando era adolescente, eu me lembro de gostar dos filmes de terror, somente pelas risadas que dei com meus amigos. Você pode se perguntar, risadas em filmes de terror?

Exatamente, enquanto a maioria tem medo de filmes de terror, você sabe que tudo aquilo não é verdade! E mesmo assim tem medo, uns até têm pesadelos na noite seguinte. Isso é sinal e prova de que nosso pensamento tem poder de influenciar nosso físico, mesmo quando nós sabemos da verdade! Mas aí vem a pergunta, como posso ter medo de algo fictício? Entenda o processo do pensamento, como falei no meu livro *O segredo da prosperidade judaica*, sobre mentalizar no pensamento suas metas e utilizar a emoção da gratidão, sendo que pensamento gera emoção e emoção gera pensamento. Aqui, cabe entender o poder do pensamento; se o pensamento gera emoção, podemos gerar as emoções desejadas para fortalecer o físico, mas se a emoção é aquilo que gera o pensamento, nós estamos sujeitos a manipulações de terceiros sobre nosso pensamento e sobre nosso físico.

Por isso, tão importante quanto você mesmo criar os pensamentos que quer é formar as emoções que o fortalecem!

Tem uma história que mostra isso. Há uns 200 anos, na Rússia, vivia um grande rabino que era o sucessor do Baal Shem Tov, o fundador do movimento chassídico. O nome dele era Rabino Dov Be'er, também conhecido como O Maguid de Mezrits. Um dia, um aluno dele chegou a visitá-lo, e pediu um conselho a respeito de pensa-

CAPÍTULO 4

mentos negativos que estavam o perturbando. O Maguid indicou que ele fosse para uma casa de outro aluno, que poderia ajudá-lo com essa dificuldade que tinha. A casa do outro chassid (aluno devoto na linguagem hebraica) estava no outro lado da cidade. Chegando lá, já era hora do jantar, à noite. Bateu à porta, mas não houve resposta. Esperou alguns instantes, e bateu de novo, ainda sem resposta. Ele decidiu dar uma olhada pela janela e lá viu que tinha gente em casa, em volta da mesa, jantando. Ele voltou para a porta e dessa vez bateu mais forte, mas de novo ficou sem nenhuma resposta. Na Rússia, nessa época faz muito frio, nem preciso falar que à noite ninguém saía de casa por causa do frio insuportável! E nosso amigo, lá fora, esperando que alguém atendesse, já que precisava de resposta sobre como lidar com esses pensamentos negativos que o atormentavam. O tempo passa e o frio fica mais forte. Ele bateu na porta, mas ninguém respondeu. O jantar já tinha acabado e as pessoas se levantaram da mesa, e o frio se intensificou.

Ele bateu pela última vez, gritando: "Por favor, alguém abra a porta."

De repente, ele escutou passos se aproximando da porta, e lentamente a porta se abriu. Na frente, ele viu um outro chassid, de roupas confortáveis e aconchegantes, sorrindo para ele, falando: "Boa noite, meu querido amigo, como posso te ajudar?". O nosso amigo, tremendo de frio, quase chorando, pediu para entrar a fim de se aquecer do frio, e o dono da casa levou-o calorosamente para dentro, do lado da lareira acesa, para se esquentar; então pediu que trouxessem para ele um prato de sopa quente a fim de aliviar seu espírito.

Quando se reanimou do frio, questionou o dono da casa por que não abriu a porta quando bateu na primeira vez, e nas outras vezes, por que o deixou esperar no frio enquanto eles estavam no calor, em volta da mesa, jantando.

O dono da casa sorriu e respondeu: "Meu querido amigo, eu sei por que veio para minha casa; e eu quis mostrar para você que, como a casa é minha, eu deixo entrar quem eu quero!".

O chassid logo entendeu. Espero que vocês, caros leitores, também entendam.

Outra história que ajuda a entender como podemos aplicar o ensinamento anterior em prática:

Uma vez, não muito tempo atrás, um aluno de yeshiva (escholha de estudos judaicos) chegou para o seu rabino e falou que, mesmo sabendo da lição anterior, ele achava muito difícil manter o controle o dia todo!

O rabino olhou para ele e perguntou: "Você consegue manter pensamentos positivos e construtivos?". O aluno respondeu: "Eu consigo durante 5 minutos."; "então", respondeu o rabino, "vai 5 minutos de cada vez", não precisa ser o dia todo, mas de 5 minutos em 5 minutos...

O processo de pensamento requer atenção e controle!

Se você não cuida bem dos seus pensamentos, e do que entra na sua mente, não adianta achar que alguém fará isso para você. Não é fácil, mas é necessário!

Controle sua mente para que você fique potente!

CAPÍTULO 4

A fala

O próximo passo na manifestação da alma, a segunda vestimenta, é a fala.

A nossa fala ainda é algo nem tão palpável, mas já é algo mais expressivo do que o pensamento, expressivo em nosso mundo físico. Se comparamos o pensamento com algo parecido com o vento, a fala literalmente é o vento, o sopro que sai do nosso corpo. A forma que nós transmitimos nossos pensamentos para o nosso ambiente, para nos comunicar e nos conectar com os outros seres vivos ao nosso redor.

Ao mesmo tempo que a fala é uma experiência humana, nós temos a capacidade divina da fala (conforme o judaísmo). Se você prestar atenção, vai perceber que o processo de pensar, transmitir o pensamento por meio da fala aos outros, é uma qualidade exclusivamente humana; portanto, divina!

Em nossa vida, seja no trabalho ou em casa, em qualquer interação com outras pessoas, a nossa fala pode ser a chave para sucesso ou o fracasso, mesmo para a vida ou a morte.

Isso já era dito pelo homem mais sábio, o Rei Shlomo (o Rei Salomão):

> *"A morte e a vida estão no poder da língua."*
> **Provérbios 18:21**

Não é novidade que palavras têm poder, sendo assim, é importante saber o que falar e o que não falar.

Isso na vida de casamento (em outro livro...) e, com certeza, numa sociedade saudável, e principalmente em negócios, quando se requer trabalho de equipe e boa comunicação com os outros.

Existe um ditado que fala assim: "Mais importante do que saber o que falar é não falar aquilo que é importante não falar!"

Nossa fala muitas vezes reflete, além dos nossos pensamentos, o processo de pensar! Se não dermos importância para nossos pensamentos, nossa fala será letal para os demais e, com certeza, para nós mesmos!

Nós temos que avaliar muito bem nossas palavras, sendo que várias palavras podem transformar uma situação de desastre em um sucesso de vida! Por exemplo, uma técnica bem conhecida no mundo judaico, sempre quando alguém critica ou questiona, a nossa resposta deve ser em forma de pergunta! E nunca como afirmação, entendeu?

Simplesmente pelo fato de que a fala é uma expressão da nossa alma. Na hora da fala, nós temos a oportunidade de nos conectar com uma outra alma. No caso de ponto-final, deixamos entender que não temos interesse a conectar, mas, quando colocamos interrogação no final da frase, isso é igual uma porta que se abre para continuar a conexão entre nós dois.

As pessoas pensam que a fala é somente palavra, mas ela é tom de voz, a velocidade da fala e a clareza de transmitir seus pensamentos.

Outro exemplo de conflito com a fala acontece quando nós queremos só falar, mas não escutar. Acontece quando estamos em conversa com alguém, e nossa cabeça já está pensando na resposta, sendo que o outro lado nem terminou de falar ainda! Isso ocorre muito, comigo também, mas vale lembrar que a fala é expressão da alma, vindo da vontade de conectar com outro; talvez haja vezes em que nós precisamos mais calar do que falar!

Isso acontece quando o fluxo de pensamento está crescendo, pelas emoções que a fala do outro; causa em nós. Se isso acontece contigo, volte e leia o assunto anterior sobre o pensamento.

Lembre-se: não fale quando estiver com emoções desequilibradas (raiva, tristeza, frustração etc.). Muitas vezes, o silêncio fala mais alto do que palavras.

Imagine como esse entendimento ajudará você a lidar com seus relacionamentos, negócios e, o mais importante, sua fala consigo mesmo.

A ação

A terceira parte da manifestação da alma está no mundo da ação, na forma mais prática, agindo!

Eu sei que pode ser chocante para alguns, mas nós vivemos num mundo físico; a nossa alma, que é faísca divina, que está num corpo físico, um veículo. Vemos os mandamentos do povo judeu e as sete leis para os filhos de Noé, afinal de contas, todas somam em ação, em fazer!

A nossa alma tem a grande vontade e desejo de revelar o divino dentro da matéria. Isso conforme o conhecimento da Cabala e dos sábios do povo judeu, que nos ensinam que, para revelar a divindade no mundo material, nós temos que utilizar o material para o serviço divino. Isso mesmo, ao contrário de muitas outras crenças que pregam desligar do material, no judaísmo nós focamos em usar a matéria, e todas as leis da Torá são feitas para nos ensinar a revelar corretamente a divindade dentro da matéria.

A maior ação que podemos fazer para retificar a nossa matéria, mesmo sendo difícil controlar os pensamentos e quando faltarem palavras, modificar as ações! Quando há dias difíceis, em que nada parece estar dando certo, isso acontece com todos nós, fica difícil pensar positivo e você está com vontade de xingar e usar todas as palavras "certas" da gíria portuguesa e de outras línguas, o Rabino Nachman de Breslev nos ensina que nessa hora é que precisa de uma ação radical e oposta. Nesse momento, simplesmente comece a dançar, cantar, saia para dar uma volta, mude aquilo que você está fazendo no momento. Faça aquilo que precisa ser feito, para que seus pensamentos e seu emocional, justamente, revelem o divino, o bom e o melhor que está numa situação complicada e, aparentemente, negativa.

Nossos sábios no Talmud referem-se à mitsva de Tsedaka, caridade, chamada A AÇÃO DE TSEDAKA. Não simplesmente mandamento ou mitzvá, mas uma AÇÃO mesmo, sendo que, quando fazemos caridade, muitas vezes isso requer um esforço acima das nossas vestimentas do pensamento e da fala, mas por meio da ação da Tsedaka, nós conseguimos transformar literalmente as outras vestimentas do pensamento e da fala e revelar a divindade dentro da matéria; e que não há nada supostamente mais material do que dinheiro, que, quando usado para uma ação que beneficia alguém, nós revelamos o propósito de tal matéria.

"A ação da Tsedaka (justiça) será paz, e o fruto da Tsedaka (justiça), repouso e segurança, para sempre."

Isaías 32:17

Bem e Mal ou Bem vs. Mal

Em nosso mundo físico, existe uma dualidade, toda ação tem reação equivalente igual, justamente para que além de existir a Escolha, também exista, como falamos, a própria existência física.

Mas no conhecimento judaico, o bem e o mal são dois lados do mesmo, ou mais ainda, são da mesma fonte.

Em nossos olhos humanos, o bem e o mal estão sujeitos a uma interpretação conforme a nossa mentalidade. Muitas vezes, o que parece bom para um é mau para outro, e vice-versa.

Quanto à questão da criação, segundo os sábios cabalísticos, o mundo foi criado para beneficiar as criaturas; e mais ainda, existe um dogma no judaísmo, se podemos nos referir dessa forma: TUDO O QUE O CRIADOR FAZ ELE FAZ POR BEM!

Mas para que entenda mesmo esse dogma, é bom entender um pouco a língua hebraica.

A palavra mal em Hebraico se fala RÁ - רע. Que é derivado da palavra RaHuá – רעוע – traduzido como "partido" ou "algo meio quebrado e não firme", sendo o nosso entendimento de algo que aconteceu é parcial e limitado. Desse modo, a nossa lógica só se refere àquilo que nós percebemos e, portanto, algo interpretado como mal; ele automaticamente cria uma realidade negativa. Contudo, se nós usamos uma perspectiva mais adulta, sabemos que nunca poderemos analisar acontecimentos sem saber todos os detalhes. Porém ninguém sabe o futuro, ninguém pode afirmar o que acontecerá amanhã. Ainda assim, todos nós podemos analisar o nosso passado e, portanto, podemos (como qualquer análise científica) chegar a uma conclusão formada e firme de que tudo que acontece é para nosso bem.

Mais uma ideia sobre a língua hebraica e o entendimento das palavras, conforme os nossos sábios cabalísticos, quando se refere à palavra citada acima, RÁ -רע, Mal, que, na verdade, é um acrônimo de duas palavras – רצון עצמי – traduzido para "Vontade para o Próprio". Nesse entendimento, podemos ver que nada é por acaso, e realmente podemos confirmar e afirmar que, quando pensamos em fazer algo somente por benefício pessoal, ou prazer próprio, o resultado será sempre algo negativo. Isso é visível em tudo que focamos, nossa atenção quando a ideia é o EU, mesmo sem entender o motivo, se somos movidos por Vontade para prazer próprio ou para benefícios próprios, sem considerar as vontades ou necessidades dos outros, sempre vai levar para uma reação negativa!

CAPÍTULO 4

Para podermos seguir em frente, quero explicar algo que está nos livros de Cabala sobre o assunto vontade.

A palavra "vontade" em hebraico é **Ratson** – רצון, que incrivelmente são as mesmas letras da palavra **canal** ou **tubo** – צינור, significa que quando tem vontade para algo, você cria um canal para receber aquilo!

Os cabalistas nos ensinam que nós nunca podemos querer algo que não conhecemos; igual uma criança que nunca comeu chocolate, não sabe como é gostoso e nunca vai ter vontade de comer chocolate. E como falamos, que o mundo físico é nada mais que uma manifestação do mundo espiritual. Portanto, quando algo se cria nos mundos espirituais, mas ainda não se manifestou no mundo físico, aqui neste mundo da ação se manifesta a VONTADE! Vontade para alcançar aquilo que não temos e talvez nunca conheçamos.

Em outro nível mais avançado, podemos nós mesmos criar uma vontade espiritual para nos beneficiar no mundo físico. (Mas isso já em outros níveis, quem sabe com muito trabalho e esforço mental e espiritual, chegaremos a isso).

Um atalho para você entender o que significa ter a vontade certa, e como é importante ter a vontade certa para as coisas certas! A palavra "vontade", Ratson, em hebraico tem o valor numérico de 346:

**200 - ר, 6 - ו, 50 - נ, 90 - צ que tem o mesmo valor numérico da palavra Origem - MAKOR - מקור
346 = 200-ר, 6-ו, 100-ק, 40-מ**

Isso significa que a origem de tudo que queremos, fazemos e conquistamos está em nossa vontade, desejo que veio de um lugar verdadeiro e espiritual que virou o canal para nossa materialidade.

Antes de seguir, um esclarecimento importante:

A vontade do Criador para criar veio da infinita fonte do bem. Nossas vontades mundanas, mesmo não originadas nos níveis mais elevados dos mundos espirituais, são originadas numa falta, um espaço vazio que precisa ser preenchido, por meio das nossas ações! É isso que vamos aprender, como colocar em prática nossos desejos e metas para conseguir realizá-los e, com isso, revelar o bem e o melhor que para esse propósito fomos criados!

É importante nós entendermos que temos quatro formas de vontade, quatro caminhos de manifestar o sucesso no mundo físico. São as quatro vontades principais, e delas derivam todos os nossos impulsos e motivos:

A primeira: a vontade absoluta de influenciar

A vontade do Criador, que antes de criar algo, estava só, era tudo e ainda É!

Como os sábios mestres ensinam, Nele tem a vontade absoluta do bem e de fazer bem! No entanto, para fazer o bem, é preciso ter alguém para beneficiar; portanto, pela própria vontade de nos beneficiar, Ele nos criou.

E a partir desse momento, Ele nos beneficia sem parar!

Como escrevo no meu livro *O segredo da mentalidade judaica*, um dos dogmas judaicos principais é que tudo

CAPÍTULO 4

que Ele faz Ele faz para nosso bem! Sendo assim, na Cabala, os sábios frisam que uma criatura limitada não tem a capacidade de entender ou captar o Criador, conforme a frase de um dos grandes sábios cabalísticos, o rabino Saádia Gaón, "Se eu entendesse Deus, eu seria Ele".

E a partir dessa vontade, Ele criou primeiro Adão, e com isso a segunda vontade.

A segunda: a vontade absoluta de receber

Imagine um recém-nascido, que tudo que ele quer tem que ser preenchido para que possa existir, e viver. Se ele está com fome ou com sono, ou precisa trocar a fralda, tudo deve ser feito para ele, por ele ter somente a vontade, mas não ter a capacidade de agir ou fazer.

Uma observação a ser feita é que o ser humano é o único "animal" que demora anos para poder se manter por conta própria, enquanto na natureza qualquer animal, no momento que nasce, já tem que se virar, ficar de pé e andar! E, de alguma forma, aprender a se defender dos animais predadores.

Voltando ao nosso assunto, quando o primeiro Adão foi criado, o criador criou-o com tudo que ele precisa para existir; viveu num verdadeiro paraíso (será que era paraíso mesmo?), onde todos os desejos dele eram atendidos e não havia nada para se preocupar... Você conhece o famoso versículo em que Deus criou o homem à imagem e semelhança dEle... como falei no livro *O segredo da prosperidade judai-*

ca, somos cocriadores da nossa realidade, e nós fomos criados como recém-nascidos, com a vontade absoluta para receber, mas como Adão cresceu (mesmo algumas horas), e a vontade absoluta de receber encontrou uma contradição; já que somos criados à imagem do criador, em nós também existe a vontade de dar e influenciar, mas como você pode influenciar o Criador? Ou o que você poderá dar a Ele, já que somos criaturas limitadas?

E aconteceu o inesperado, ou esperado, o homem falou NÃO para continuar a receber sem poder contribuir. Os sábios chamam isso de "o pão da vergonha", o fato de receber algo sem merecer ou sem se sentir merecedor causa uma angústia e raiva internas que, na maioria das vezes, leva a direções erradas. Imagine um recipiente cujo propósito é conter líquidos, e ele como recipiente está limitado à quantidade que consegue conter; se continuamos a enchê-lo, somos capazes de causar dano ao recipiente.

Então, como parte do processo de crescimento foi despertada em nós a terceira vontade.

A terceira: a vontade de dar para receber

Para que nós possamos continuar recebendo, especialmente no mundo material, como no espiritual, precisamos dar, ou em outras palavras, influenciar os outros, fazer o bem para o próximo como o Criador faz conosco.

E de um recipiente, nos transformamos em um canal para fazer o bem no mundo. Mas essa vontade ainda está "contaminada" com o Ego, nós fazemos o bem para os outros quando estamos "cheios" de materialidade e queremos mais, por isso nós fazemos o bem para os outros.

Não acha que está errado, sendo que a Torá nos orienta a agir dessa forma, onde nós somos ordenados com o dízimo e a caridade justamente depois de receber as bênçãos do Criador!

E a Torá nos ensina que, dessa forma mesmo, quando nos tornamos canais para fazer o bem no mundo, parte desse bem cola em nós! É o bem que recebemos e conquistamos, juntando com o sentimento válido de que merecemos a receber tantas bênçãos, sem vergonha e sem angústia.

A quarta: a vontade de receber para dar

Quando entendemos as três vontades anteriores, e chegamos ao ponto de querermos por vontade própria ser criadores da nossa realidade, e por meio dos estudos da Cabala e chassidut, vemos que nós temos o poder de atrair para o mundo físico o que já existe no mundo espiritual, como falamos.

Saindo para o mundo e fazer o bem, fazendo o que devemos fazer, para que o mundo brilhe cada vez mais!

Fazendo o bem, dar-se aos outros, influenciar os outros para despertar para o bem. Defina isso como você quiser; afinal de contas, quando você faz o bem, e contribui com os outros, mesmo que você ainda não tenha, você vira um canal de luz e do bem, esse bem, luz, cola em você e o abençoa também.

Eu tive vários momentos na minha vida em que me encontrei sem dinheiro, nem para pegar ônibus. Mas sempre mantive em mente a regra de que eu estou aqui para brilhar, para levar luz aos outros e fazer o bem.

E quando precisei, eu lembrei das regras... você quer ter, aquilo que já é seu, mas por motivo de Ego não há espaço para receber mais; precisei dar para o próximo, mesmo numa ação de caridade, ou ajuda física (não precisa ser sempre em dinheiro), não demorou muito para eu receber o que precisava.

O mal que causa todos os fracassos

Nas escrituras judaicas, temos uma história, entre outras, sobre o rei Davi: depois do reino do filho dele o Rei Salomão, o filho, Roboão, por motivos de ego e orgulho, causou a divisão do reinado que o avô dele, Rei Davi, construiu, e o pai dele transformou numa potência mundial. Agora temos dois reinados, o reino do sul, das tribos Judá e Benjamin, com Jerusalém como capital. E no norte o reino de Israel, com as outras dez tribos, e como capital a Sumária.

No reino do norte, governava um novo rei, que até então era um dos sábios do povo, que, por motivos não relevantes, para nossa história estava exilado por discórdia com o Rei Salomão.

Os anciãos do povo trouxeram-no do exílio e fizeram-no Jeroboão.

O primeiro rei do novo reinado do norte, o reino de Israel.

CAPÍTULO 4

Jeroboão, que até então era um sábio erudito do povo judeu e conhecedor das escrituras, entendia que enquanto o templo sagrado estava em Jerusalém, e mesmo sendo dois reinados, ainda eram um povo, e os judeus do reino do norte iam para Jerusalém a fim de celebrar as datas festivas, e lá em Jerusalém encontrariam com os irmãos do reino do sul, dariam a honra para o rei do reino do sul, o legítimo reinado davídico.

Por causa disso, ele bloqueou as estradas para Jerusalém, e montou estátuas para serem adoradas no lugar de serviço ao Deus de Israel (uma transgressão horrível para o mundo judaico). Um ato que acabou por levar o reino todo para séculos de afastamento do mundo judaico e, no final, o exílio pelos assírios, em média 700 anos depois.

As escrituras judaicas contam que Jeroboão, que nunca se arrependeu, teve um momento de graça, e Deus chamou-o e falou: "Jeroboão, arrepende-se dos seus caminhos, e eu e você e o rei Davi estaremos juntos no mundo vindouro". E Jeroboão, em seguida, perguntou: "Quem está na frente?". Querendo saber quem é mais importante, ele ou o Rei David. É bom frisar que ambos estão juntos no mundo vindouro. E Deus respondeu: "O Rei David está na frente", então Jeroboão respondeu: "Não tenho interesse então em me arrepender".

E, com isso, ele perdeu a chance de ter uma recompensa imensa, que acredito que qualquer outro aceitaria de imediato.

Entendendo a história, podemos ver como perigoso você construir algo baseado no Ego. Qualquer motivo que seja para o Ego, sendo raiva, ódio ou orgulho, isso sempre vai levá-lo para o abismo.

Outra história que temos nos ensina sobre um caso ao contrário. Um exemplo de líder para o povo judeu, o nosso mestre Moisés, que ao longo da carreira de liderança sempre teve em mente que outro poderia fazer um trabalho melhor. E ele somente aceitou a missão da liderança por ser ordenado por Deus, mesmo tentando discutir, mas, ao mesmo tempo, fazendo o melhor possível para cumprir a sua missão.

Por isso, era conhecido como a pessoa mais humilde na face da Terra. Sobre humildade, ao contrário do que dizem os conceitos atuais quanto a uma pessoa humilde, refere-se a alguém sofrido e pobre, vítima etc. E a Torá nos mostra que ser humilde significa que você, escolhido para uma missão, faz o seu melhor possível, e ainda lembra que pode ser que exista alguém que poderá fazer isso melhor!

No mundo de negócios, temos que ter essa mentalidade!

O seu negócio, seu empreendimento, sendo sua missão para servir e fazer o mundo melhor, revelando mais luz ao mundo oculto, fazer seu melhor sempre e nunca se achar melhor que os outros... sempre pode ter alguém que fará melhor do que você.

As melhores ideias podem fazer sucesso ou fracassar. É claro que depende de muitos pontos, mas o principal é o uso correto do EGO.

CAPÍTULO 4

Sim, você leu corretamente, uso correto do Ego, sendo a ideia de que temos que eliminar o ego (invenção dos falsos mentores).

O que as escrituras judaicas cabalísticas nos ensinam é que nós temos que aprender a utilizar nosso Ego para nos servir e não para nos dominar. Igual aquela história que sempre conto, quando você leva seu animal de estimação para passear, fala a verdade, quem leva quem para passear? O Ego em muitos aspectos é o nosso lado animal. E nós temos que aprender como controlá-lo para nos servir. Ao contrário do que é ensinado por aí.

Nesse ponto, podemos seguir em frente para entender como construir um negócio espiritual que iluminará o mundo físico!

Dez Sefirot:

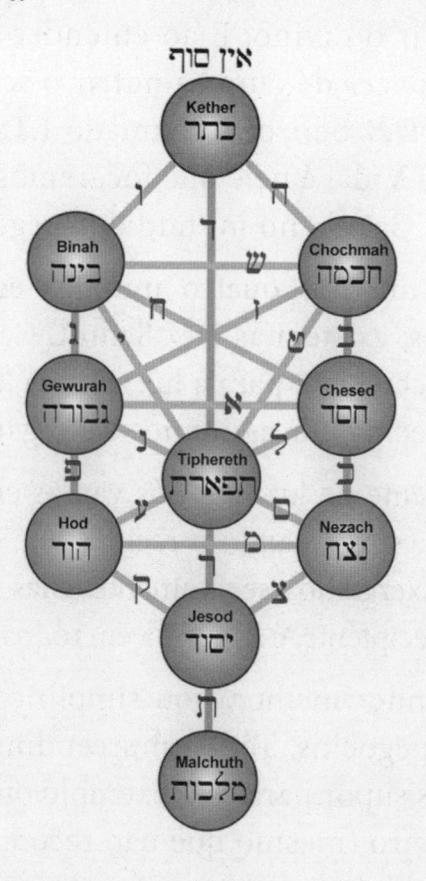

אין סוף
Kether כתר
Binah בינה
Chochmah חכמה
Gewurah גבורה
Chesed חסד
Tiphereth תפארת
Hod הוד
Nezach נצח
Jesod יסוד
Malchuth מלכות

A conexão entre a Luz Infinita e uma criação finita deveria ser intransponível, e mesmo assim aqui estamos nós, decididamente projeções finitas daquela Luz Infinita. Este é o mistério das Dez Sefirot: como o Infinito interage com os mundos que gerou por meio de dez modalidades luminosas, a ordem das Sefirot se move a partir do domínio intelectual por meio da emoção e desce até o âmbito do "domínio" – a esfera de realmente conseguir algo feito. Essa é a "divina imagem" na qual o ser humano é criado. Ao nos

CAPÍTULO 4

conhecermos como seres humanos, portanto, podemos descobrir o divino. E ao entender o divino, somos mais capazes de curar e nutrir o ser humano. O formato das Dez Sefirot é chamado ETS HACHAIM ou Árvore da Vida, é nele que focaremos para evoluir o assunto da Cabala no mundo dos negócios.

Em cada um dos quatro mundos espirituais que mencionamos, existem as Dez Sefirot. Cada uma delas serve como recipiente para a luz infinita, e conforme as virtudes do recipiente, assim nos enxergamos luz.

Um recipiente de luz que nós vamos enxergar será a bondade, e mesmo quando o recipiente é de severidade, assim nos enxergamos severamente. Mas a luz, mesmo que encha o recipiente, é a mesma em todos os recipientes.

Para entender melhor, vou simplificar para nosso mundo dos negócios. Todo empreendimento tem objetivo; vamos supor para esse exemplo que o objetivo é ganhar dinheiro (mesmo que não recomende que seja o objetivo principal, mas sim uma meta no caminho para alcançar o objetivo). Dinheiro é a luz que preenche, e o seu negócio é o recipiente, na forma que seu negócio se comporta no mercado, assim o mercado enxerga o seu dinheiro; e o dinheiro, de uma forma que foca em bondade, é o mesmo de um ladrão que só pensa em fazer trote nos inocentes.

Portanto, dinheiro é uma manifestação física de uma luz infinita. Como você o usar vai definir se será abençoado ou não.

As Sefirot como recipiente de luz infinita criam camadas de proteção para a luz passar até nós, para nos alimentar e nutrir. Como no desenho anterior, percebe-se que todas elas são ligadas umas às outras num formato de fluir de cima para baixo, de um mundo espiritual a outro. E cada mundo está cada vez mais e mais materializado até que chega ao mundo físico nosso, e isso capacita a nossa existência.

Para nosso tema, nós vamos focar nas Sefirot que estão no mundo inferior da ação, já que são os mais cabíveis ao nosso entendimento (até onde possível).

Nos meus livros anteriores (*O segredo da prosperidade judaica* e *O segredo da mentalidade judaica*), eu escrevi como na visão judaica somos cocriadores da nossa realidade, por sermos criados à imagem e semelhança do Criador; sendo assim, o poder espiritual de emanar luz ou refletir luz está dentro de nós!

Muito acham que ser imagem e semelhança divina significa que o Criador tem formato humano, ou corpo humano, mas é o contrário que está correto. Temos dentro de nós o poder divino; somos, na verdade, seres divinos numa experiência física.

Os mesmos Sefirot dos mundos superiores estão dentro de nós, são as manifestações racionais e emocionais que estão em cada um de nós, que são a forma como vagamos no mundo, ou melhor, como nós criamos nossa realidade (depende de nós se estaremos vagando no mundo ou seremos criadores da nossa realidade). Esse poder de criar está bem visível em duas áreas na nossa vida, no mundo de paternidade, e claro, no mundo dos negócios e empreendimentos.

Nós vamos entender como cada sefira está ligada a um órgão do nosso corpo físico e nosso corpo empresarial. Como revelar cada aspecto da nossa Árvore da Vida, criar um legado e sentido de propósito duradouro.

Para poder entender de modo mais fácil e aplicável a formação da Árvore da Vida, e em consequência a formação do nosso negócio, podemos observar alguns pontos importantes.

O título conhecido é "Dez Sefirot", e quando nos aprofundamos nos estudos descobrimos que, na verdade, temos onze Sefirot, sendo que, quando se referem à primeira Sefira de KETER, a coroa, nós não contamos a terceira de DAAT, conexão ou entendimento. E vice-versa, como nos desenhos a seguir:

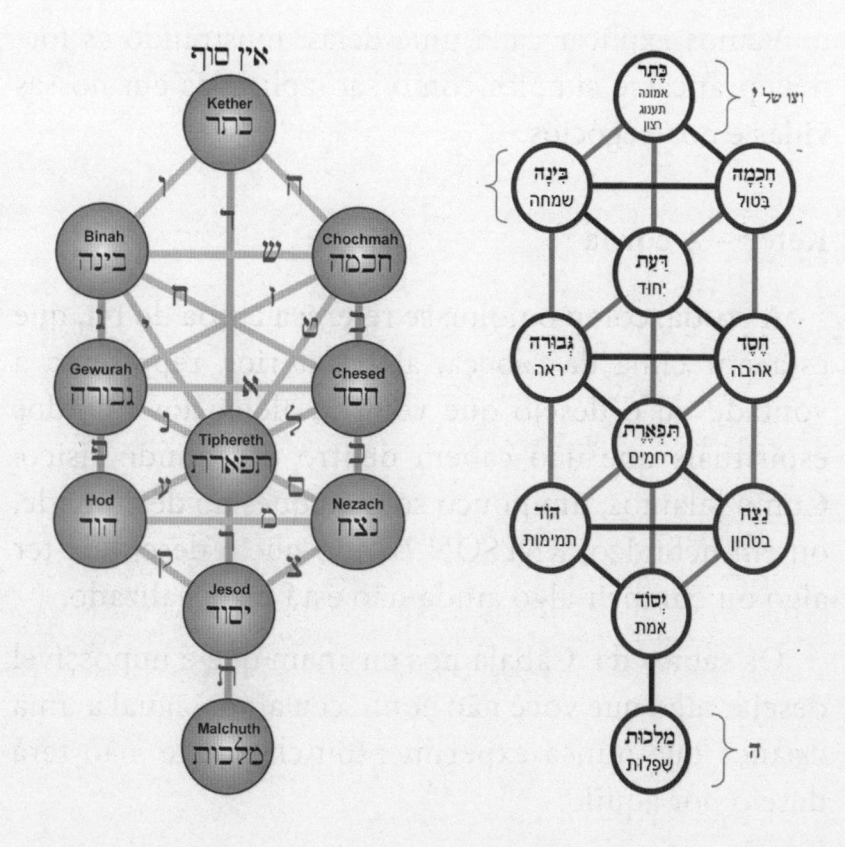

Mas para nosso estudo e conhecimento, vamos abordar as onze Sefirot e entender como e por que nessa ordem, e como podemos aplicar em nossos negócios e, em geral, em nossa vida!

A Árvore da Vida se divide em três partes, que nós vamos abordar. A primeira parte consiste nas três Sefirot intelectuais, em que se encontram o Keter, Chochma e Bina ou Chochma, Bina e Daat. Como mencionei, a segunda parte são as seis Sefirot emotivas ou práticas, Hessed, Gvura, Netsech, Hod e Yessod.

E na terceira parte encontra-se a Sefira de Malchut.

CAPÍTULO 4

Vamos explicar cada uma delas, mostrando as formas práticas e simples como são aplicadas em nossas vidas e nos negócios.

Keter – A coroa

A coroa, como o nome se refere; a coroa do rei, que está por cima da cabeça, algo exterior, representa a vontade ou o desejo que vem do além, dos mundos espirituais que não cabem dentro do mundo físico. Como falamos, um pouco sobre a questão de vontade, ou em hebraico, RATSON, sendo que o desejo de ter algo ou cumprir algo ainda não está materializado.

Os sábios da Cabala nos ensinam que é impossível desejar algo que você não conheceu ainda, igual a uma criança que nunca experimentou chocolate, não terá desejo por aquilo.

E, da mesma forma, como você pode desejar ter sucesso ou prosperidade (conforme você a enxerga), se você mesmo nunca ou ainda não conheceu aquilo?

Nossos sábios cabalísticos nos ensinam que aquilo que você tem, aquela vontade ardente para fazer, e o caminho está nítido para você, isso já está pronto nos mundos espirituais, está manifestado na Sefira de KETER, da coroa.

Seu trabalho no mundo físico, a partir de agora, é cumprir esse destino; esse desejo nos mundos espirituais deve ser materializado no mundo físico!

Então descobre primeiramente aquilo que você deseja, de verdade! Não o que você somente gostaria de fazer ou ter, mas realmente faça a pergunta para si mesmo, o que você deseja?! Pare de focar naquilo que não quer! Isso é fácil!! Todo mundo sabe muito bem o que não quer fazer ou ter, mas são poucos que sabem de verdade o que querem.

Sabe como eu sei disso? Simples, olha quantas pessoas têm sucesso na vida profissional, emocional e mental!

Somente aquele que sabe o que quer tem conexão com algo maior do que o físico; e, como falei, quando você descobre o que realmente quer e deseja, então você abre um canal para materializar e receber aquilo!

Chochma – Sabedoria

A próxima sefira é a Sefira de Chochma, traduzida como sabedoria, mas não é bem como nós conhecemos no nosso contexto atual, em que muitos pensam que um sábio é aquele que tem respostas para tudo e que sabe, tudo ou, pelo menos, muito. Mas na Cabala a Sefira de Chochma no hebraico significa duas palavras, Coach, כח Ma - מה.

Traduzindo literalmente, força (coach) do além (Ma).

Quando o desejo do Keter manifesta-se pela primeira vez no pensamento, isso se chama IDEIA; aquele momento de EUREKA, aquele momento em que você tem uma ideia, um brilho, mas ainda não está definido, ou em termos cabalísticos ainda não está desenvolvido e não está vestido no recipiente.

CAPÍTULO 4

Mas está dentro da sua mente, não está mais algo exterior como o Keter.

A Chochma, na Árvore da Vida, está posicionada no lado direito, que pertence ao lado masculino. Em comparação à criação (não, não que os homens sejam mais sábios), o homem semeia na mulher uma pequena "ideia", que nela se desenvolve, e se forma um novo ser! Mas isso abordaremos na Sefira de Bina.

Incrível o que no judaísmo nós aprendemos, conforme o grande sábio Rebbi Nachman de Breslev, "se você acredita que pode estragar, acredite que também pode consertar"; isso ligado à Chochma, se você tem a ideia, se você tem esse momento de brilho, saiba que também tem como desenvolver e executar! Isso é sabedoria!

BINA – Inteligência (o poder de desenvolver a ideia)

A Sefira de Bina, localizada no lado esquerdo da Árvore da Vida, é o lado feminino. A palavra Bina, em hebraico, pode ser traduzida como inteligência ou capacidade de entender, mas se olharmos sua raiz literal, vemos que é muito mais do que imaginamos.

Bina – בינה – tem a mesma raiz de HAVANA – הבנה – que significa literalmente "entendimento". Mas a mesma raiz da palavra forma a palavra BINYAN – בנין – traduzida como "construção". O mais incrível (para mim pelo menos) é que, quando vemos a palavra, mesmo em BINA, vemos duas palavras.

BEN – בן – **filho**

YaH – יה – um dos nomes sagrados de Deus, que representa a luz da Chochma.

Juntando as duas a uma palavra, BINA, nossos sábios explicam que, a partir desse momento, começa a criação de algo no mundo, sendo recipiente com luz, ou luz dentro de recipiente.

Não por acaso, a Bina é ligada ao lado feminino da Árvore da Vida e, nas mulheres, tem o poder de desenvolvimento de vida (de luz) somente depois que o homem (a Chochma) semeia a mulher (Bina); aí começa o processo de desenvolvimento, entendimento e a formação da ideia.

No mundo dos negócios, temos que fazer o que chamamos de *brainstorming*, (fusão de ideias), mas depois que descobrimos algumas ideias boas, agora entraremos na parte de desenvolvê-las, para que se forme algo mais perceptível aos sentidos.

DAAT – דעת – **conexão**

A Sefira de Daat significa literalmente "conhecimento", ou "saber", mas, na linguagem bíblica ou cabalística, Daat significa conectar, ou conexão, como vemos em Bereshit, Gênesis:

E conheceu Adão a Eva, sua mulher, e ela concebeu...

Gênesis 4:1

CAPÍTULO 4

Em hebraico, a palavra "conheceu" está escrita como *veyada*, da raiz de Daat, sendo que quando homem (Chochma) e mulher (Bina) se conectam isso gera vida; e essa conexão é chamada de Daat.

O Daat é o ponto importante entre a mentalidade ou o pensamento e a ação. Sem entendimento de uma ideia, é impossível colocar em prática ou começar a construir algo.

A conexão, a Daat, pode ser entendida da seguinte forma:

Um professor, antes de entrar na sala de aula, precisa ter uma ideia (Chochma) sobre o assunto que vai passar na aula, e é óbvio que ele precisa desenvolver um método em que os alunos poderão entender a parte da Bina, é quando ele passa a aula para os alunos. Isso é o Daat, quando ele conecta o seu intelecto com o intelecto dos alunos.

No mundo empresarial, ou empreendedorismo, quando você tem uma ideia brilhante de um negócio ou produto novo, mas ainda é uma ideia, está no nível de Chochma, e agora precisa desenvolver a ideia, ou como dizem aqui no Brasil: "Vamos amadurecer a ideia", e quando você tem já uma ideia formada e desenvolvida na sua mente (é claro que esse processo requer também colocar no papel). O próximo passo é você "vender" a ideia para investidores ou mesmo para sua equipe, para poder construir o negócio produtivo e lucrativo.

As 6 Sefirot efetivas

O próximo passo depois de entender a parte intelectual, ou como chamado, o campo das ideias, é como poder entender o processo de formação de ideias, é o passo das práticas! É como colocar em prática a parte de cima!

Nós vamos encontrar as 6 Sefirot efetivas; a partir delas o mundo do nosso negócio e o nosso produto se constroem e tomam uma forma para ser um sucesso no mercado!

Hessed – חסד – Bondade

A Sefira da Bondade se encontra no lado direito da Árvore da Vida, na mesma linha da Chochma. Incrível que a ideia simplificada é que o sábio requer bondade!

Só que no mundo da Cabala para negócios, queremos ver como eu posso aplicar a bondade no meu negócio ou no meu produto. Porém, ser bondoso não parece muito comum no mundo dos negócios, que parece mais uma selva, onde o forte é quem sobrevive!

A verdade, se você já entendeu, é que nós estamos aqui para cumprir uma missão divina, e nosso foco não é acumular dinheiro ou criar cooperações monopolistas que controlam o mercado e o mundo, é fazer este mundo melhor para todos nós vivermos juntos!

Ao contrário de discussão política, nós não temos nada a ver com capitalismo ou com socialismo, mas

CAPÍTULO 4

fazer este mundo melhor! A Sefira de Hessed representa a ideia de agregar valor para o mundo! Significa que nossa vontade lá do Keter, que brilha na nossa mente, veio para nós como parte da missão de agregar valor para outras pessoas.

A bondade é pensar no que o outro precisa; ser uma pessoa bondosa significa que você pensa no que a outra pessoa precisa, sem pensar sobre o que você vai ganhar com isso!

Uma observação que vi com muitos, senão com todas as pessoas que são prósperas de verdade, é que eles sempre dizem que o dinheiro é secundário, é a consequência de trazer mais valor para o mercado, criar um produto ou sistema que facilita a vida das pessoas, ou até um procedimento que salva a vida das demais.

Para poder agregar valor para o mercado e trazer mais bondade ao seu negócio, pense bem se aquela ideia que você desenvolveu agrega valor para outras pessoas! Caso a resposta seja não, procure um jeito para que seu empreendimento traga mais valor para a vida dos demais, um passo importante para que o futuro do seu negócio seja duradouro.

A figura bíblica que representa essa qualidade de bondade é o nosso patriarca Avraham, Abraão. Uma pessoa que viveu somente para fazer o bem para os outros; dizem que a tenda dele era aberta para os quatro cantos, para ver os viajantes e poder recebê-los com a maior hospitalidade possível.

Guevura – גבורה – Severidade

A Sefira da Severidade se encontra no lado esquerdo da Árvore da Vida, debaixo da Sefira de Bina.

Nos livros cabalísticos, a Sefira de Guevura é responsável pelo processo de criação. E ela é responsável por criar limites e definições para os assuntos. Já que está colocada debaixo da Sefira de Bina, referente ao desenvolvimento de ideias, a Sefira de Guevura já faz isso na forma física e mais palpável!

Apesar de muitos olharem para a severidade como algo ruim ou negativo, ela, por si só, não tem essa definição, mas somente a forma que está sendo usada.

Você pode utilizar um martelo (já que é uma ferramenta que "bate", uma qualidade de severidade) como ferramenta para construir, o que é algo positivo, mas também pode ser utilizado como arma letal, Deus nos livre.

E mais outro exemplo, quando se refere à educação de crianças, requer um certo nível de severidade. É claro que muita severidade aplicada é capaz de estragar o processo de educação das crianças.

Como falei que a severidade representa o processo de criação, sendo o lado esquerdo, feminino, aquele que aparentemente está no lado negativo (no contexto de circuito positivo negativo, e não bom e ruim), a mulher apresenta o lado da severidade e, nela, se FORMA a vida, é nela que um corpo cria formato definido de um corpo novo de um ser vivo.

CAPÍTULO 4

E sabemos que sem limites e sem definições claros não há vida. Imagine um furo no pulmão ou no coração ou em qualquer órgão em nosso corpo, Deus nos livre, isso leva a um risco de vida. Mas quando os limites são firmes e são claros, há vida.

Em nossos negócios, não há diferença, se a bondade é o propósito da missão, a severidade são as metas para cumprir a nossa missão, têm que ser claras e bem definidas.

Em qualquer área na nossa vida, se apenas vagamos esperando as coisas acontecerem, ou como dizem certas seitas, "mentalize e o universo conspirará em seu favor", se você não tem metas claras, ou melhor, se você somente tem uma ideia, mesmo sendo ela bem clara, mas não cria metas para executá-la, na linguagem cabalística, combinar a severidade com a bondade e vice-versa, você ficará somente no campo das ideias e nunca vai ver resultados! Isso é aplicável em todas as áreas da nossa vida, quando sabemos o que queremos. Isso já é raro hoje em dia, o que falta para nós é saber o como fazer isso, sendo que muitos querem ser felizes, mas não fazem ideia de como (nem falo sobre uma confusão, que a maioria nem sabe o que significa felicidade). Todos querem ter um casamento feliz, mas nunca fizeram aulas ou estudos de COMO fazer isso, ou quais são as regras para isso. Todos querem filhos educados e de bom caráter, mas se você não coloca limites e regras, vai ter o resultado oposto.

Para finalizar a questão da Sefira de Guevura, entenda que tudo ou nada sempre acaba em nada (isso é um dos motivos de estarmos lutando contra o mal em nosso mundo físico), aquele desejo de querer tudo para ele, tudo tem que estar em equilíbrio, severidade – Guevura – גבורה, vem da raiz de גבר que é a raiz da palavra Guever – Homem, Guibor – Herói.

Uma vez, Alexandre, o Grande, questionou os sábios do povo judeu: "Quem pode ser definido como herói?", pensando ele que vão dizer que ele é, já que era um grande rei e general que conquistou metade do mundo conhecido. Os sábios responderam para ele: "Herói é aquele que conquista o próprio instinto ani-mal".

Você deve estar se perguntando por que escrevi a palavra Animal separada, Ani-Mal? O Ani – Eu em hebraico – representa o Ego, e o serviço para o eu, o mal em português não precisa de explicações, mas seu instinto é direcionado somente para servir o EU, o Ani sempre vai dar em mal, e isso o torna nada mais que um animal. Porém, o homem não foi criado para ser um animal, mas, sim, para dominar os animais, ou ser um Herói.

Explicando a questão do Herói – Guibor, é aquele que usa a severidade dele para fazer o bem! Por meio da guevura, focada na missão da bondade, o resultado será um sucesso!

A figura bíblica que representa a Sefira de Guevura é o nosso patriarca Itschak, Isaac. Como filho único de Avraham e Sara, nascido por milagre, ele herdou tudo o que o pai dele tinha de bondade, mas conseguiu conter essa luz gigante e levá-la para uma direção determinada.

CAPÍTULO 4

Tiferet – תפארת – Beleza/Glória
(Misericórdia, combinação da direita e da esquerda)

A Sefira de Tiferet está localizada na linha do meio debaixo e na linha das Sefirot (plural de sefira) de Daat e Keter. Entre a Sefira de Hessed (bondade) da direita, que representa as metas e os objetivos, e a Sefira de Guevura (severidade), que está na esquerda que representa a sua missão. A Sefira de Tiferet representa o plano de ação! Incrível que parece isso a beleza, onde a bondade, o objetivo e a guevura, a missão, se encontram quando você constrói e executa o plano de ação.

Nem tenho palavras para explicar o quanto é importante o plano de ação! Sendo que agora você entendeu que o equilíbrio de um negócio ou de uma vida em geral é o plano de ação.

É importante você ter objetivos e missão, mas imagine quantas pessoas vivem numa frustração gigantesca por não executar os seus objetivos, e mesmo com uma missão, sem ação bem planejada ou mesmo não muito bem planejada, mas pelo menos um plano para colocar em prática, sobem a trilha e começam a agir!

As duas Sefirot anteriores, bondade e severidade, conforme o livro principal do chassidismo, o Tanya, são comparadas como duas asas para nossa alma.

Com a bondade e com a severidade, a nossa alma consegue se elevar a outros níveis. Mas as asas sozinhas não têm propósito, sendo que a principal parte do pássaro (nesse contexto) é o corpo, e quando as duas asas trabalham juntas, em equilíbrio e harmonia, há avanço! Podemos seguir em frente ou para qualquer direção por meio do uso das asas, da severidade e da bondade. Nas palavras do livro do Tanya, amor, bondade e temor, severidade.

Plano de ação é a diferença entre um negócio crescendo para um negócio falido; se for em negócios ou no casamento, até mesmo em planejamento das férias, e infelizmente a maioria das pessoas planejam melhor as férias do que planejam a vida e, com certeza, seus negócios!

A Sefira de Tiferet, da beleza, é o equilíbrio das duas anteriores. A beleza de uma ação. Finalizo com uma frase do grande sábio e líder da nossa geração, o Rebbe de Lubavits: "Melhor uma pequena ação do que mil suspiros".

A figura bíblica que representa a Sefira de Tiferet é o nosso patriarca Yaakov, Jacob. Sendo a fronteira entre a bondade e a severidade, ele representa o equilíbrio, o ser equilibrado; portanto, dele nasceram as doze tribos e o povo de Israel.

Netzach – Eternidade, vitória – נצח

A Sefira de Netzach está posicionada no lado direito da Árvore da Vida, debaixo da Sefira do Chessed, bondade. Sendo assim, ela tem a essência da bondade.

A Sefira de Netzach pode ser traduzida em duas formas: Netzach – נצח – Eternidade, que é também a raiz da palavra Vitória – נצחון – Nitzachon.

CAPÍTULO 4

Em nossos negócios, nós queremos a vitória, o sucesso do plano da ação com resultados incríveis. E todos nós queremos que o sucesso seja duradouro, eterno. Mesmo sabendo que nada é eternamente fora do Criador. Mas devemos nos lembrar dos capítulos anteriores sobre as nossas vontades e desejos, que no final é conectar com o eterno e o infinito, sendo que a forma de eternizarmos é criar algo neste mundo físico.

Eu lembro, uma vez, que um amigo meu me falou que o homem (na conversa nossa e em nosso contexto, mas pode ser mulher também) precisa realizar no mínimo três coisas na vida: ter um filho, plantar uma árvore e escrever um livro.

Essa dica ficou comigo por muito tempo, e eu demorei um pouco para entender que essas três coisas, na verdade, são coisas que vão ficar, depois que nós formos embora deste plano físico, sendo dada para nós uma sensação de eternidade.

A outra tradução de Netsach, que é de vitória, não por acaso está na mesma raiz de eternidade, sendo que uma vitória verdadeira é eterna, e não uma moda da época, que dá um crescimento um certo tempo, mas logo vira notícia velha.

A palavra para isso, em nossos negócios, em nossas empresas, é MOTIVAÇÃO – em português, incrível que parece que a palavra está ligada aos Sefirot anteriores, porém a palavra motivação é composta por duas palavras – Motivo e Ação; não preciso explicar mais nada, certo?

Para que nossas vitórias sejam vitórias de verdade, eternas e não momentâneas, o que precisamos é colocar a motivação em nossos negócios.

Eu costumo explicar para as pessoas que nosso corpo, conforme os livros de Cabala, tem 72% de água no organismo; portanto, somos praticamente seres aquáticos. Por sinal, os lugares que mais aliviam nossa mente e alma são ambientes com água, mais exatamente lugares com águas fluindo, como cachoeiras, rios e praias, e não lugares de água parada! Sendo que todos nós sabemos o que acontece em locais que têm água parada, não é verdade?

Em nosso corpo, não é diferente, mas depende de nós fluir essa água! Mesmo uma gotinha de cada vez, mas jamais ficar parado. Um negócio que todos esperam alguém mandar ativar, é provável que a água esteja parada e, em breve, vá começar a emanar aquele cheiro ruim de água parada.

Se entendemos que a água precisa estar em movimento para criar vida a fim de trazer vitalidade, nós precisamos colocar isso em nossos ambientes de trabalho e na mentalidade da nossa empresa, para estar em movimento essencial e alcançar a vitória, mesmo que às vezes esse movimento seja para trás; então seja como a água: procure um caminho alternativo e não pare!

Enquanto está em movimento de ação pelos seus motivos, enquanto está com motivação, de vitória em vitória vai eternizar o seu legado!

CAPÍTULO 4

A figura bíblica que representa a Sefira de Netsach é Moisés.

Conforme os nossos sábios, tudo o que Moisés fez está eternizado, entregando a Torá, formando o povo de Israel, formalizando as leis e os estatutos da Torá. Realmente, o melhor exemplo de um legado eterno.

Hod – הוד – esplendor

A Sefira do Hod, Esplendor está localizada no lado esquerdo da Árvore da Vida, debaixo da Sefira de Guevura, severidade.

Como está na linha da severidade, ela tem as qualidades do lado da severidade, mas como está mais baixa, ela representa uma manifestação mais física e também mais prática das Sefirot anteriores. Se nós falamos do plano de ação e da motivação, o que vemos nessa sefira é o foco.

Sim, o foco é parte integral da Cabala para os negócios, especialmente quando falamos em executar na prática.

Eu gosto de contar um pouco da minha experiência passada no mundo empresarial, em que sempre participei de eventos de motivação e treinamentos; em 90% dos eventos em que aprendemos muito sobre tudo que é preciso saber sobre negócio, missão e metas, e muito, mas muito mesmo, sobre motivação!

O que nunca falta nesses eventos é motivação para atingir metas e para crescer.

Você já pode imaginar o que acontece quando você se anima e fica supermotivado, mas no dia seguinte não faz a menor ideia de onde focar todo esse fogo.

Uma fogueira e um raio de laser, ambos são a mesma essência de energia, a diferença é que uma fogueira pode esquentar e queimar, sem controle a fogueira pode também destruir. Enquanto um raio de laser, focado bem direcionado, pode alcançar a lua (sendo que cada um de nós pode aproveitar e mirar o laser para a direção da lua, para o local onde tem espelhos deixados pelos astronautas, anos atrás).

Usando esse exemplo, podemos imaginar o que pode acontecer se não colocamos foco, como uma das bases da nossa empresa, para poder botar em prática o plano de ação e atingir nossas metas.

Quando um fotógrafo quer nos transmitir uma ideia ou mensagem por meio de uma foto, ele aplica o método de foco. Com certeza, você já viu tais truques de câmera, quando a raposa ou as pessoas estão bem nítidas e focadas, enquanto o ambiente em volta está embaçado e desfocado, por um simples motivo que não é importante.

Importantíssimo é nós aplicarmos o método de foco na nossa vida, em tudo! No casamento, na saúde, e nos negócios, com certeza!

A figura bíblica que representa a Sefira de Hod é o Aaron, o Araão, o primeiro sumo sacerdote, que mais do que tudo representa a qualidade de foco, pelo papel de servidor, pelos detalhes do serviço que requer alto nível de foco, foco de pensamento, foco de ação exata, e foco na missão.

CAPÍTULO 4

Conforme as escrituras, Moisés foi quem ensinou a Araão e aos filhos dele o que deveria ser feito e como fazer; a história conta que num momento de desânimo Moisés também motivou Araão a entender o nível alto da sua missão!

Yessod – יסוד – Fundamento

A Sefira de Yessod, traduzida como fundamento, está localizada na parte inferior central da Árvore da Vida, na linha do meio de baixo da Sefira de Tiferet. A Sefira de Yessod é representada pela figura bíblica de Yossef (José), filho de Yacov.

As escrituras sagradas se referem a Yossef como o único que recebeu o título de Justo (tsadik), mesmo que todos os patriarcas fossem justos e os outros 11 irmãos de Yossef fossem justos, e muitos outros, mas a pergunta: por que Yossef recebeu o título de justo e por que ele está representando a Sefira de Yessod, fundamento.

Em hebraico, a palavra justo é traduzida como Tsadik – צדיק – que vem da raiz de justiça – צדק – Tsedek. Pode se referir àquele que faz justiça (mais no ponto de vista divino); porém, para nosso foco, podemos também afirmar que um justo é aquele que justifica – מצדיק – MATSDIK sua existência no mundo. Em outras palavras, aquele que cumpre a sua missão divina aqui no mundo físico, faz o que precisa ser feito, sabendo que tudo que vem de cima, do criador, é justo e correto, e nós fazemos parte de uma missão divina, controle mental e emocional, focando em nossa missão. Isso justifica nossa presença aqui e o motivo pelo qual para Ele nós fomos criados.

Como escrito:

> *"Quando passar o tufão, não mais se encontrará o ímpio, mas os justos continuarão sendo o fundamento do mundo."*
>
> **Provérbios 10:25**

Na figura da Árvore da Vida, podemos perceber como está bem definida, como todas as outras Sefirot (plural de sefira) estão, baseada na Sefira de Yessod, como fundamento do formato inteiro da Árvore da Vida.

E como podemos aplicar o conceito da Sefira de Yessod em nossos negócios? Como a ideia de justo cabe num mundo que parece mais uma selva do que algo divino?

Acredito que vocês, caros leitores, nesta altura do jogo, já têm algumas ideias sobre como aplicar. Mas vamos deixar isso bem claro: a Sefira de Yessod, por ser o fundamento, é a base de todas as outras Sefirot que estão acima dela, e como um funil, todas as qualidades de cima fluem por meio dela para a Sefira de Malchut (reinado), sobre a qual falaremos em seguida. Para que nosso negócio seja próspero e frutífero, precisamos lembrar nossa missão e os objetivos que nos levaram até este ponto.

A sua empresa precisa justificar a existência dela! Precisa cumprir aquilo que era definido no princípio, quando veio a primeira faísca de ideia.

CAPÍTULO 4

Da mesma forma que um carro, não foi criada para consumir gasolina, mas para levar você de um ponto a outro. Nem o seu negócio foi criado para ganhar dinheiro (somente), mas para levá-lo de um estado de consciência mental, espiritual e financeira a outro. Portanto, precisa seguir a mentalidade da Árvore da Vida. Revelar o propósito verdadeiro e justo pelo qual você veio a este mundo.

Mais prático e mais aplicável, para não falar que não expliquei, os fundamentos da sua empresa, empreendimento ou relacionamento, e na vida mesmo: para prosperar, além de cumprir seu propósito, você precisa ser justo com os demais a seu redor, sendo seus empregados, colaboradores, sócios investidores etc. A regra básica que todos já devem conhecer: "Não faça para os outros aquilo que não deseja que façam contigo" (tratado shabat 31A). Quando o sábio Hilel afirmou que é a base (fundamento) de toda a Torá.

Mas vou tentar oferecer uma ideia que também é ensinada pelos sábios: "Faça com os outros aquilo que gostaria que façam contigo". Enquanto a primeira frase é passiva, a segunda já é voltada para o lado proativo. Faça! Procure fazer o melhor, e o mais justo, o mais certo. Quando comecei minha jornada no mundo dos negócios, conheci um empreendedor que me falou uma coisa que ficou comigo até hoje, mais de 20 anos depois. Pode ser que por isso ele apareceu na minha vida, para me dar uma lição e, com isso, mudar a vida de milhões de outros; ele me falou assim: "Sempre entregue mais do que o esperado de você! Para clientes, para sua equipe, para investidores, para sua esposa, para quem quer que seja, sempre entregue mais do que era combinado ou esperado". Em Israel, nós temos essa gíria em que usamos, uma palavra do inglês, "LARGE" – seja grande! Seja grande na entrega, no serviço e no seu compromisso! Quanto maior o nosso fundamento, mais firme a nossa estrutura.

Quanto mais justo e fundamental for, maior será o que pensamos que somos, seu crescimento e sua evolução dependem do tamanho dos seus fundamentos.

Sefira de Malchut – מלכות – Reinado

A Sefira de Malchut, reinado, a última das Sefirot, está localizada no lado direito, embaixo da Sefira de Yessod. É representada pela figura bíblica do Rei David.

A Sefira de Malchut, do reinado, segundo nossos sábios, é a soma e o resultado de todas as Sefirot superiores.

Os sábios nos explicam que a Sefira de Malchut, reinado, não tem nada dela própria, tudo ela recebeu das outras Sefirot por meio da Sefira de Yessod. É como rei, que não reina sem povo, e não há reinado sem reino. Portanto, o Malchut, que é a parte mais inferior da Árvore da Vida, é a parte mais materializada do mundo espiritual, onde as ideias, as inspirações e os desejos se realizam na prática.

Afinal de contas, não existe negócio sem clientes! Ou em palavras melhores, não há negócio se não houver resultados! Se não houver lucros! Um negócio lucrativo não pode depender da boa vontade ou das boas intenções de outro, mas qualquer negócio é avaliado pelos números! Mostre-me seus números e eu posso avaliar a situação do seu negócio, para bem e para melhor.

CAPÍTULO 4

É disso que se trata da Sefira de Malchut: aplicação na prática de tudo o que falamos.

Quantos clientes seu negócio tem? Quantos são repetidores? Quantos investidores sua firma tem? Quantas propostas para clientes ou investidores você faz diariamente, semanalmente e mensalmente?

Não tem como você escapar disso! Acho que este livro vai contar para você uma fórmula mágica ou fazer um milagre que fará seu negócio ter sucesso, lamento avisar, mas milagres acontecem para aqueles que fazem! A mágica acontece para quem planta e rega.

Tudo o que é somado para esse ponto são as ferramentas espirituais e mentais, para que, afinal de contas, você aplique tudo na prática!

Qualquer pessoa de sucesso vai afirmar isso; sucesso da noite para o dia demora uns dez anos de trabalho e dedicação!

Existe uma história que eu adoro e me ajuda sempre quando eu preciso de uma motivação e orientar os outros.

No livro de Shemot, Êxodo, nós encontramos a história famosa da saída do Egito, quando o povo de Israel se encontra na beira do Mar Vermelho, sem possibilidade de escapar: de um lado, o mar, atrás deles, os egípcios, e duas colinas dos lados; estão travados, fechados numa situação sem saída. As escrituras nos contam que o povo se dividiu em quatro grupos, o primeiro, desesperado, fala: "Vamos pular no mar, melhor do que morrer pelos egípcios". O segundo grupo fala: "Vamos nos entregar para os egípcios, e quem sabe eles terão misericórdia de nós". O terceiro grupo fala: "Vamos lutar contra os egípcios, não temos o que perder". E o último grupo fala: "Vamos rezar para Deus,

Ele vai nos ajudar". E, de repente Moisés, em profecia, escuta Deus, que fala para ele:

> *"Então disse o Senhor a Moisés: Por que clamas a mim? Dize aos filhos de Israel que marchem."*
> **Êxodo 14:15**

E, em seguida, o líder da tribo de Judá, o Nachshon filho de Minadav, pula nas águas, e adivinha? Nada aconteceu! Mas ele seguiu em frente, até que chegou ao ponto em que as águas cobriram o pescoço, e de repente as águas do mar se abriram!

Isso é a revelação do Malchut no mundo!

Quanto mais você se esforça, quanto mais você persiste na sua missão, mais estará perto do momento em que o mar vai se abrir para você também!

> *"A Sefira de Malchut representa o resultado da sua mentalidade e sua preparação emocional e espiritual para FAZER! Por que, afinal de contas, o nosso mundo foi criado para nós, para esse motivo, como está escrito: E abençoou Deus o sétimo dia e o santificou; porque nele cessou de toda a sua obra, que Deus criou, para fazer."*
> **Gênesis 2:3**

O rei é julgado conforme o seu reinado! Um empresário é avaliado conforme o sucesso dos negócios que ele tem!

CAPÍTULO 4

Um negócio é avaliado conforme seus números de resultados!

Resumindo, nosso mundo da Cabala para os negócios, como falei no início, é para revelar o seu propósito divino, para alcançar o seu sucesso! Se seguir estes passos, o sucesso do seu negócio está garantido!

Seja qual for seu critério para medir o sucesso, no momento em que seu objetivo for mais elevado do que meros lucros materiais, e quando você se conectar com a fonte infinita das bênçãos, como resultado terá bênçãos infinitas.

CAPÍTULO 5

O SUCESSO DOS PATRIARCAS: UMA LIÇÃO PARA NEGÓCIOS DE SUCESSO

CAPÍTULO 5

O SUCESSO DOS PATRIARCAS: UMA LIÇÃO PARA NEGÓCIOS DE SUCESSO

Nossos patriarcas, Avraham, Itschak e Yaakov, são considerados os três pilares do Povo de Israel.

Nossos sábios nos ensinam que a vida dos patriarcas dá uma lição eterna para nossas vidas, em todos os aspectos, seja em negócios, casamentos, educação dos filhos e, claro, nossa espiritualidade e conexão com Deus.

Nosso foco será desvendar as lições para nossos negócios por meio da história de cada um dos patriarcas, e desmistificar os segredos para ter um negócio de sucesso, material e espiritual.

Avraham

Nosso patriarca Avraham, o pai da nação judaica, começou a sua jornada em idade muito nova, mesmo que a Torá comece a relatar sobre ele somente quando está com 75 anos. Em nenhum relato dos povos existe algum "velho" senhor que é lembrado quase 4 mil anos depois da sua trajetória, e ainda com tanto vigor e afeto, como Avraham, o patriarca.

Com certeza existe algo diferente, além de ser o primeiro que levanta a bandeira do monoteísmo (a fé em um único criador). As escrituras relatam a trajetória de Avraham, um senhor que se envolveu em um conflito com o rei Nimrod (que era o primeiro ditador universal), que se intitulava Deus, o qual jogou Avraham na fornalha e tentou matá-lo.

Sobrevivendo literalmente, único, numa sociedade distorcida e deturpada.

Uma história sobre Avraham, quando era mais jovem, que trabalhava na fábrica do pai, Terach (Terã), que além de ser sacerdote de idolatria, era o maior fabricante de estátuas para idolatria.

E Avraham trabalhava na loja da fábrica, recebendo clientes que queriam comprar uma estátua. A história conta que, um dia, entrou na loja uma senhora de idade querendo comprar uma estátua de ídolo para sustento. Avraham mostrou para ela uma opção, e perguntou se realmente achava que uma estátua que acabou de ser fabricada teria o poder de dar sustento a alguém. A senhora olhou para ele com entendimento, e saiu da loja. Assim fez o dia todo com os clientes que entraram na loja do pai. O pai percebeu que o filho "não tinha jeito" para vendas, e decidiu colocá-lo como guarda da loja, em vez de vendedor.

Para o espanto do pai, Avraham pegou um bastão e quebrou todas as estátuas, menos a maior delas, e colocou o bastão no colo daquela estátua. Quando ele chegou à loja, podem imaginar a face dele, e imediatamente perguntou a Avraham o que houve na loja. E Avraham, sem se confundir, apontou para a estátua com o bastão e falou: "Ele foi quem quebrou todas as estátuas". O pai dele, Terã, que entendeu imediatamente a mensagem do filho, admitiu que ele tinha razão.

Depois dos acontecimentos com o Rei Nimrod, Avraham leva a sua família para a terra de Canaã. Lá, ele encontra fome; lá, ele encontra guerras, conflitos; com tudo isso, lembrar que Avraham representa a Sefira de Hessed – a bondade; nada da vida dele aparentemente tem a ver com a bondade, e já vamos resolver esse conflito.

Na Bíblia, está escrito que tudo que ele fez era com fartura, e muita bênção. Avraham, colocado numa terra problemática, percebeu que havia uma necessidade e ele poderia criar a solução. Numa época de rebanhos e pastores, de tribos vagando, o produto mais valioso para todos era a água!

Leve-se em consideração que a água, conforme a Cabala, representa bondade, sendo iguais as águas que descem de cima, e nada pode pará-las, mesmo tentando atrapalhar, no final a água sempre acha um meio de avançar.

CAPÍTULO 5

Avraham decidiu empreender e montou uma indústria de cavar poços de água. O dono do poço cobrava dinheiro para uso da água. Isso transformou Avraham em um multimilionário, com rebanho, escravos e riqueza inigualável. Mas como qualquer empreendedor, ele encontrou dificuldades, como a concorrência, que tampou os poços que ele cavou. E, do outro lado, governos que queriam participação nas bênçãos e no sucesso. Eles mandaram indiretamente tampar seus poços... como o filho Itschak contestou para o rei dos filisteus em Gênesis 26. Com todas as dificuldades, Avraham não procurou culpar ninguém ou reclamar; ele focou na sua missão, de fazer o bem e no melhor por onde ele se passava, mesmo parecendo algo negativo no momento. Quando seu foco é servir com bondade, e servir o Eterno, você não se abala com os acontecimentos, mas segue em frente, sempre.

O segredo de Avraham foi tomado como símbolo para as gerações, como símbolo da bondade, por um simples motivo: com ele enfrentando tantas dificuldades, focou no que é bom e procurou sempre trazer o melhor, agregando valor para as pessoas ao seu redor.

Ele sabia que tudo o que tinha e tudo o que viria a ter vinham de Deus, e o propósito dEle é trazer o conhecimento para todos.

Uma história conta que a tenda dele estava aberta para todos os lados a fim de poder receber qualquer viajante nas estradas, que precisasse de repouso e alimento. Quando vieram os viajantes, ele serviu-os com tudo de bom e do melhor, e antes de se despedir deles, pediu que fizessem um agradecimento a Deus, quem

O SUCESSO DOS PATRIARCAS: UMA LIÇÃO PARA NEGÓCIOS DE SUCESSO

providenciou tudo aquilo; e se os visitantes questionassem ou recusassem, ele simplesmente afirmava que, se não quisessem agradecer a Deus, sendo essa a forma de pagamento que Ele deseja, então pagariam para ele, e colocava um valor inteiro para que eles pagassem. É claro que o objetivo dele não era fazer que pagassem ou impor uma crença sobre eles, mas que tivessem entendimento de que tudo o que ele deu para eles, e tudo o que eles receberam não são nossos por nada, além da bondade pura do Criador.

O Zohar, o livro base de estudos da Cabala, fala que uma vez o anjo da bondade veio reclamar para Deus, que enquanto Avraham estava no mundo, ele não tinha propósito de existir, já que Avraham superava toda a bondade que precisava.

Escutei uma dica de um primo meu, que é um rabino muito conhecido em Israel, Michael Lasri, e essa dica ele recebeu do neto do "Baba Sali", o grande sábio do povo judeu do século passado, o Rabino David Abuhazeira: "Qualquer negócio ou empreendimento que pensa em fazer, sempre começa com Ação de bondade! Isso promete sucesso e duração do projeto!"

Não por acaso, essa dica é dada por nossos sábios, que nos ensinam que sempre temos que começar nosso dia com o pé direito, receber amigos com o braço direito, sendo que o lado direito é a linha da bondade; e se queremos ter sucesso, e êxito durável, focaremos no benefício e na bondade, que nossas ações farão para a sociedade e para os demais seres!

Foque no que é certo e melhor para o próximo! E,

CAPÍTULO 5

com certeza, vai trazer benefício para si também.

Itschak

Nosso patriarca Itschak, o filho de Avraham, nasceu para ele e para a esposa Sara, na velhice, quando Avraham tinha 100 anos e Sara, 90 anos, conforme as escrituras.

Itschak, era filho único para os pais velhos, imagina como era mimado pelos pais, como estava sendo cuidado por eles. E as escrituras afirmam que TUDO que Avraham tinha ele deu para Itschak.

> *"Abraão deu tudo o que possuía a Isaque."*
> **Gênesis 25:5**

Podemos pensar que já que deu tudo para Itschak; além de Itschak ser cópia idêntica do pai, Avraham, iria seguir a atitude de bondade e caridade do pai. Mas o patriarca Itschak está ao lado, supostamente oposto à bondade, como falamos acima; ele simboliza a Sefira da Severidade, Guevura.

Ao contrário do que muitos pensam, severidade não necessariamente é algo negativo ou ruim. Especialmente em negócios, educação e relacionamentos. A história do Itschak nos ensina exatamente isso.

Sendo uma pessoa aparentemente mais passiva do que seu pai, Avraham, quando ele herdou o negócio do pai, dos poços de água, tinha que lidar com os mesmos problemas dos "tampadores" de poços. Ele não discutiu nem se vingou, ele simplesmente foi para outro lugar e cavou outro poço.

Com persistência e foco na sua missão, Itschak não se abalou pelas dificuldades e foi além do que era capaz. Imagine uma situação: você monta uma loja, restaurante ou qualquer negócio e do nada vêm concorrentes e colocam fogo no seu negócio, o que você faria? Chamaria a polícia? Acionaria o seguro? Reconstruiria? E se a polícia era a mesma que está fazendo parte da quadrilha que causou os danos?

Então você decide tentar construir de novo em outro local, em outro bairro, e no dia da inauguração, de novo, seu negócio pega fogo, por qualquer motivo que seja.

Pela terceira vez, você une uma equipe de pessoas que acreditam em você, faz uma campanha de ajuda com o público, e consegue montar mais um estabelecimento comercial...

De novo, alguém vem e quebra tudo no seu negócio...

E agora? Vai desistir? Vai procurar um emprego "seguro"? Vai fazer o quê? A maioria de nós, depois da segunda vez, já iria desistir, não é verdade?

Mas a história de Itschak relata que durante anos sete poços que ele cavou foram tampados, fora os poços que ele herdou do pai, Avraham. Ele não se revoltou, não se vingou, não procurou a polícia, muito menos foi atrás dos suspeitos.

Ele persistiu e insistiu: "Se num local não dá, vou para outro. E se nesse novo local não deu também, vou para outro". Mas, em nenhum momento, vou deixar os acontecimentos externos, sejam quais forem, mudarem meu

CAPÍTULO 5

plano de negócio ou as metas, já que o negócio é baseado no princípio da bondade que ele recebeu do pai.

Ele criou parâmetros e definiu regras de comportamento perante qualquer ambiente que pode perturbar seu empreendimento. Uma herança que nós, povo de Israel, recebemos dele é a nossa teimosia, e como dizem, "pescoço severo"; é preciso aprender a história do povo judeu, com tudo o que nós passamos ao longo do tempo, os massacres, as inquisições, expulsões e os desastres que acompanham nossa história. Qualquer outro povo iria "chutar o balde" e desistir da sua missão, de Deus, de tudo. Mas, de fato, a nossa teimosia e o nosso "pescoço severo", que nós herdamos do nosso patriarca Itschak, nos fez ser o povo mais marcante da história humana. Como escrevi no meu livro best-seller *O segredo da prosperidade judaica*, nunca esperamos ninguém resolver para nós a situação difícil, mas sempre quando formos obrigados a mudar de lugar por qualquer motivo, reconstruímos de novo, mesmo após pó e cinzas, e com todos os direitos de vingar ou reclamar. Nosso foco sempre foi a nossa missão! Nosso plano de negócio!

E, no final, como escrito sobre nosso patriarca Itschak:

"E aconteceu, naquele mesmo dia, que vieram os servos de Isaque, e anunciaram-lhe acerca do negócio do poço, que tinham cavado; e disseram-lhe: Temos achado água.

E chamou-o Seba (Sete); por isso é o nome daquela cidade Berseba (Sétimo Poço) até o dia de hoje."

Gênesis 26:32,33.

O SUCESSO DOS PATRIARCAS: UMA LIÇÃO PARA NEGÓCIOS DE SUCESSO

Yaakov

Nosso patriarca Yaakov (Jacó), filho do Itschak, neto de Avraham, representa a Sefira de Tiferet, Beleza. Deveria ser o Príncipe desfrutando os frutos do pai e avô, como a Torá fala dele:

"Jacó, porém, homem ingênuo, habitava em tendas."
Gênesis 25:27

Não era uma pessoa de negócios, ou de comércio, mas estudioso temente a Deus. Mas as circunstâncias da vida levaram-no a precisar fugir, depois de fechar um negócio duvidoso com o irmão gêmeo, aproveitando uma necessidade, e fechou com o irmão a compra dos direitos (autorais) do primogênito. Quando percebeu que o irmão não iria respeitar o acordo, Yaakov, com orientação da mãe, Rivka, Rebeca, se veste como o irmão e se apresenta ao pai para receber as bênçãos do primogênito, como era combinado anteriormente.

Fugindo da fúria e vontade de vingança do irmão, ele chegou à casa do tio, Labão, que, por sua vez, não era melhor do que o irmão, mas o objetivo de Labão era aproveitar a mão de obra gratuita, que pode ser usada, já que o acordo entre os dois era de que Jacó iria trabalhar por sete anos para se casar com Rachel, a filha caçula de Labão. Mas depois dos sete anos, Labão enganou Jacó e deu para ele a outra filha, irmã da Rachel, Léa. Jacó trabalhou por sete anos na espera para

CAPÍTULO 5

se casar com a Rachel. Quando foi questionar Labão, ele respondeu que conforme o costume local, a irmã mais velha tem que se casar primeiro. Apesar desse argumento ridículo, Labão acrescentou: "Se você quer se casar com Rachel, trabalhe mais sete anos e case-se com ela também".

Com tudo isso, Jacó dedicou todo o tempo para o serviço contratado, ser pastor do rebanho do sogro. Sem reclamar, faça sol, faça chuva, gelo ou calor.

E depois de catorze anos, decidiu, para poder se livrar do emprego abusivo, sem lucro e praticamente escravizado, fazer uma proposta a Labão, depois do final do contrato. Agora, ele queria trabalhar para criar seu próprio patrimônio, e sua independência.

Depois de mais seis anos, em que dedicou o trabalho para ambos os negócios, do sogro, como combinado, e ao seu empreendimento, seu patrimônio superou o patrimônio que ele ajudou o sogro a construir.

E, nesse ponto, ele decidiu que estava na hora de partir os caminhos. Primeiramente, depois de perceber a inveja do sogro pelo sucesso de Yaakov e a atitude trapaceira de Labão, não era mais possível compartilhar o ambiente. Portanto, Yaakov leva a família e o seu patrimônio de volta à terra dos pais.

O nosso patriarca Yaakov nos ensina como lidar com as dificuldades que vão aparecer ao longo do caminho.

Quando precisar mudar de local, saia! Saia da zona do conforto. Se precisa adquirir novas habilidades, faça seu melhor!

O SUCESSO DOS PATRIARCAS: UMA LIÇÃO PARA NEGÓCIOS DE SUCESSO

Se tem que lidar com qualquer tipo de pessoa que for, seja você sempre! Ser ingênuo não significa ser bobo, mas ser reto! Lidar com as pessoas da forma que se precisa lidar!

Cumpra sua missão, honre sua palavra e os acordos com os outros, mas não deixe ninguém pisar em você ou tentar trapacear.

A maior lição que nosso patriarca Yaakov nos ensina é que nós temos que lembrar, sempre, de onde e de quem vem as bênçãos! O nosso patriarca Yaakov, nos momentos mais difíceis na vida dele, levantou seus olhos e suas orações e pedidos para Deus. Simples assim, ele não tentou provar que é mais esperto ou melhor do que alguém. E quando poderia e precisava, sempre pediu a Deus para ajudá-lo no caminho que ele deveria ir e que tivesse sucesso por onde fosse.

Talvez, por isso mesmo, nosso patriarca Yaakov seja a Sefira de Tiferet, Beleza, entre a Sefira da Bondade, do Avraham, e a Sefira da Severidade, de Itschak. Ele traz equilíbrio, em que podem ser usados ambos, severidade e bondade, na hora certa e no momento exato. Isso é que gera a beleza, a beleza que está no equilíbrio. E, com tudo isso, o equilíbrio não veio por ele estar na casa dos pais ou na casa de estudos, não!

O equilíbrio veio quando ele parte para o mundo, cumpre uma missão, aplica o seu conhecimento no mundo, em negócios, com os demais ao seu redor.

E quando você sentir que está fora do equilíbrio ou que a situação está apertando e perde a direção.... lembre-se de que você não é super-homem, nem precisa ser, mas você tem uma missão a cumprir e tem um pai, um Deus que espera você pedir a ajuda dEle para iluminá-lo e mostrar o caminho! Aprenda com o nosso patriarca Yaakov, pois dele vieram as 12 tribos.

Um negócio bem-feito e bem equilibrado, cria filiais bem fortes e estruturadas. Mesmo cada uma das 12 tribos era uma família independente, um estado independente; no final, todas, apesar das diferenças, temos uma missão! Pode ser que um seja médico e o outro, catador de lixo; uma é empresária e a outra dona de casa. Cada um tem uma missão divina, dada por Deus. Uma missão exclusiva a você! Que somente você pode cumprir!

Avraham – Itschak – Yaakov

Os sábios do povo judeu nos ensinam que um sábio de verdade é aquele que aprende da experiência dos outros.

É claro que você iria dizer que isso é algo óbvio, mas, na verdade, 99% das pessoas nunca escutam as dicas ou analisam experiências passadas antes de partir para uma aventura. Contudo, não será uma aventura agradável, mas uma aventura infernal, em que você vai precisar lidar com dificuldades, sem ter conhecimento e habilidades para resolvê-las. Simplesmente pelo motivo que você pensa que já sabe tudo, e é tão esperto que vai conseguir resolver tudo quando acontecer. Cerca de 80% dos negócios que vão ser abertos neste ano em 5 anos vão fechar as portas! Não por não ter uma proposta boa ou um produto bom. Pode até ser o melhor serviço, e os produtos que vão revolucionar o mercado. Pelo motivo simples de pensar que tudo depende das habilidades incríveis deles, e da genialidade super-humana que possuem.

Nossos patriarcas nunca se sentiram superiores aos outros, nunca se colocaram numa situação que eles sozinhos têm que resolver, mesmo com o autoconhecimento de quem são, sabendo, afinal de contas, que são seres humanos. Podem ser pessoas sagradas ligadas com Deus, e as bênçãos divinas... tudo pode mudar num piscar de olhos.

Eu sempre me lembro de uma frase que um amigo muito bom meu me falou: "Quando chove, molha todos".

Os patriarcas não olharam para os outros como concorrentes ou rivais. Estavam focados em cumprir sua missão da melhor forma, mesmo com as dificuldades e as turbulências que ocorrem ao longo do caminho e do tempo.

Sabendo que tudo tem um motivo, não precisa achar que é o fim do mundo se não conseguiu êxito de primeira. Muitas vezes, nem de segunda ou quarta.

Conseguir enxergar a beleza (Yaakov) em persistir (Itschak) na bondade (Avraham) é a melhor forma de fazer negócios bem-sucedidos com bênção divina.

CAPÍTULO 6

O SUCESSO DE YOSSEF, JOSÉ NO EGITO

CAPÍTULO 6

O SUCESSO DE YOSSEF, JOSÉ NO EGITO

Duvido que exista alguém que não conhece a história de Yossef, José, no Egito!

Um menino que com 17 anos foi traído pelos irmãos e vendido como escravo para o Egito. E depois de um ano como escravo na casa de Potífera, ministro do faraó, conseguiu chegar a ser o gerente-geral da casa do ministro. Ali, ele administrava tudo o que precisava dos assuntos do ministro. E de novo foi traído, agora pela esposa do ministro, que tinha outras ideias em relação a Yossef. Foi jogado na prisão egípcia sem chance de argumentar sua inocência.

CAPÍTULO 6

Mas a prisão do Egito como no mundo antigo era muito diferente da prisão de hoje em dia, não existiam grupos de direitos humanos, muito menos o conceito de julgamento justo. Você era culpado até que se provasse o contrário! E para você conseguir provar isso.... realmente um milagre!

Mesmo na prisão, ele chamou atenção do chefe das guardas, que vendo que ele era uma pessoa honesta e de caráter, outorgou-lhe responsabilidades administrativas e de serviço aos outros prisioneiros.

Até que, depois de 12 anos, o faraó teve os famosos sonhos; não vou entrar nesse assunto ainda. Yossef tinha dois passos na epopeia dele; depois que saiu da casa do pai, o primeiro passo era uma vida de escravo, ou em outros tempos, empregado.

Pode ser que seja difícil escutar isso, mas Yossef, mesmo estando numa posição de escravo, conseguiu crescer na posição dele, independentemente de qual era o serviço!

Uma das ocasiões em que se destacou foi quando ele, como "diretor" da prisão, cuidando das necessidades dos outros prisioneiros, aproximou-se de dois ministros que foram recentemente aprisionados e fez a seguinte pergunta:

"E veio José a eles pela manhã, e olhou para eles, e viu que estavam perturbados. Então perguntou aos oficiais do Faraó, que com ele estavam no cárcere da casa de seu senhor, dizendo: Por que estão hoje tristes os vossos semblantes?"

Gênesis 40:6,7

O SUCESSO DO YOSSEF, JOSÉ NO EGITO

Yossef está na prisão, como falamos, no buraco; e ele fica surpreso. Por que essas pessoas ainda estão tristes?

Os sábios nos explicam que por um simples motivo, como mencionado antes na história, Yossef não viu o mal, mas ele entendeu que tudo estava nas mãos de Deus e, portanto, não havia motivo para ficar triste:

> *"O Senhor, porém, estava com José, e estendeu sobre ele a sua benignidade; deu-lhe graça aos olhos do carcereiro-mor. E o carcereiro-mor entregou na mão de José todos os presos que estavam na casa do cárcere, e ele ordenava tudo o que se fazia ali. E o carcereiro-mor não teve cuidado de nenhuma coisa que estava na mão dele, porquanto o Senhor estava com ele, e tudo o que fazia o Senhor prosperava."*
>
> **Gênesis 39:21-23**

A segunda época da vida de Yossef começou depois que ele virou o vice-rei do Egito, quando todo o controle do Egito foi colocado nas mãos dele. Isso tornou Yossef o homem mais poderoso no mundo. Nessa situação, Yossef tinha como missão salvar as economias do reinado, e garantir um futuro estável e próspero.

Yossef entendeu as regras básicas, as leis da natureza; depois da primavera vem o verão, seguido pelo outono e inverno, e volta. Se você se programa bem, com suas entradas e despesas na época da primavera e a colheita no verão, não faltará nada para si nas épocas do inverno.

Quando ele viu que viriam sete anos de fartura, mandou

CAPÍTULO 6

guardar e estocar nos tesouros do reinado parte da fartura para os tempos difíceis que viriam! Ele antecipou uma solução para um problema previsto. Mas o verdadeiro sucesso que ele teria seria nos tempos de crise do mercado!

Quando começou a época da seca, Yossef aproveitou o estoque de grãos que estocou nos tesouros do rei. E quando alguém precisava de grãos, ele vendia, quando não tivessem dinheiro para comprar, ele trocava por terrenos; e quando acabavam os terrenos, ele virava o dono da terra mesmo, acima dele somente estava o Rei.

As escrituras judaicas contam que Yossef dividiu os tesouros do reinado, o ouro e a prata e as riquezas acumuladas em três cofres. Os sábios nos explicam que temos de dividir nossos lucros por três "cofres". O primeiro cofre para o negócio, para que ele continue gerando lucros. O segundo cofre para aplicação em terrenos, e o terceiro cofre para aplicar "no altar", significa investir, e aproveitar mudanças do mercado de moedas e valores.

Uma observação importante: a divisão dos seus lucros em três cofres é feita depois da tirada do dízimo e da Tsedaka, algo que vamos explicar nos próximos capítulos.

Yossef era sábio suficiente para entender que tudo o que aconteceu com ele era parte de um plano maior, que seria testado, aprovado e, no final, recompensado. Portanto, na vida você tem que respeitar o processo, entender que tudo é um processo para fazer você ser capaz e merecedor da riqueza que está prometida a você.

Todos nós temos épocas de inverno e primavera, épocas de colheita e épocas de seca. Todos nós temos tempos em que parece que estamos numa prisão, num buraco, mas se focamos na nossa evolução e crescimento, depois de anos estando aparentemente num buraco, podemos virar reis da noite para o dia.

Por outro lado, se você é um empresário grande que tem firmas e milhares de pessoas trabalhando para si, tenho certeza de que você também percebeu esse ciclo, não é verdade?

O que você precisa é um CEO igual Yossef, lembrando a importância que o rei deu para Yossef, justamente que era a pessoa certa na hora certa e no lugar certo! Combinando isso com o esforço próprio de Yossef, sobre a sua mentalidade e emoções, vai garantir as maiores riquezas do mundo.

Para finalizar, a história conta que, desses três tesouros que Yossef guardou, entre suas riquezas, antes da saída do Egito, Korch, primo de Moisés, achou um dos cofres e levou consigo, sendo que até hoje nós temos o termo no mundo judaico "rico que nem o Korch". O segundo foi achado pelo rei da Babilônia, Nabucodonosor, que se tornou um dos reis mais ricos da história. O terceiro cofre ainda está escondido.

CAPÍTULO 7

A CABALA DO RECIPIENTE E A HISTÓRIA DO PROFETA ELISEU

CAPÍTULO 7

A CABALA DO RECIPIENTE E A HISTÓRIA DO PROFETA ELISEU

No livro dos reis, no quarto capítulo, nós encontramos a história do Profeta Eliseu, o famoso aluno do Profeta Elias, a quem herdou como líder religioso do povo judeu. Uma história fenomenal que ensina como funcionam as leis cabalísticas de riqueza.

A história conta que, depois da morte de um dos ministros do rei Acabe e sua esposa Hizevel, o Profeta Obadias escondeu cem profetas nas cavernas nas montanhas, e ainda sustentou-os com alimentação e bebida. Para isso, ele precisava fazer empréstimos a fim de poder

CAPÍTULO 7

pagar as despesas e poder salvar os cem profetas que a Rainha Hizavel mandou matar. Depois da morte dele, as cobranças começaram a chegar; teve que pagar as dívidas! A morte não perdoa as dívidas. A viúva logo correu para o Profeta Eliseu, para socorro, pedindo ajuda.

> *"Meu marido, teu servo, morreu; e tu sabes que o teu servo temia ao SENHOR; e veio o credor, para levar os meus dois filhos para serem servos."*
>
> **2 Reis 4:1**

O profeta Eliseu perguntou se ela teria alguma coisa em casa que ele pudesse abençoar, já que precisaria de um recipiente para a bênção poder fluir para nossas vidas.

Em resposta, a viúva respondeu:

> *"Tua serva não tem nada em casa, senão uma botija de azeite."*
>
> **2 Reis 4:2**

Era tudo o que o profeta precisava para que a bênção dele funcionasse; como falamos, a luz precisa de um recipiente para se materializar no mundo físico. E, em seguida, ele pediu à viúva que trouxesse todos os recipientes que ela tinha para casa; e do potinho do azeite começou a jorrar para os outros recipientes o azeite. Quando acabaram os recipientes na casa, ele mandou-a ir e pedir às vizinhas mais recipientes emprestados, e do mesmo potinho ele continuou jorrando o azeite, e enchendo todos os recipientes. Quando acabaram os recipientes, o profeta mandou trazer mais, sendo que enquanto há recipientes, o azeite continua jorrando. Mas quando a viúva falou para o profeta que acabaram todos os recipientes, o azeite do potinho parou de jorrar e ficou no potinho. E com a casa cheia de azeite "milagroso" do profeta, a viúva conseguiu pagar as dívidas e, mais ainda, fazer uma fortuna que a ajudou a viver com abundância para os próximos anos.

Eu, pessoalmente, adoro essa história, desde pequeno, e desde que aprendi como viver a Cabala do mundo dos negócios, essa história virou uma referência para mim.

Como falamos, você tem a bênção pronta para entrar na sua vida. O problema é que nossa capacidade de aguentar tanta luz está limitada, e a luz não vai entrar no recipiente se tiver risco de ele explodir. E, também, um recipiente pequeno não vai atrair mais luz do que ele é capaz. Por exemplo, uma van que consegue levar dez pessoas de cada vez, não pode levar 20 ou 100 pessoas de uma vez; ou uma loja de roupas só poderá vender a mercadoria que tem no estoque. Para que entre mais luz, você precisa ampliar seu recipiente e ampliar sua capacidade de aguentar a luz. Um aparelho doméstico de 110 volts vai queimar quando você conectar 220 volts; a energia que chega é a mesma, a questão é o aparelho. No caso da viúva, não por acaso, enquanto ela conseguia aguentar a luz, conseguia recipientes, mas quando não aguentou mais luz, ela falou, pela primeira vez, que acabaram os recipientes, sendo que por meio da afirmação dela entrou a luz. Com o que disse, o azeite, a luz, acabou de jorrar e encher os recipientes.

CAPÍTULO 7

Em nossos negócios, é o que precisamos exatamente para fazer aumentar nossos lucros, para a luz entrar em nossos bolsos.

Você quer que seu negócio cresça, você precisa ter alguma coisa que valha para se basear nele. Uma ideia, melhor que ela seja, não é suficiente, precisa de algum produto ou serviço que agreguem valor para o mercado e para a sociedade.

Quando você acha que não está entrando o suficiente, muitas vezes não é por falta de fazer ou de trabalhar! Como falei, se você tem um restaurante que tem dez lugares, não vai caber onze pessoas. O que precisa fazer? Aumente a capacidade do seu recipiente para receber luz! Pare de ser sua maior concorrência. Você é o único que atrapalha seu crescimento. Não tenha medo, procure um mentor ou consultor que poderá orientá-lo em como fazer aquilo que deve ser feito para o seu crescimento. Igual à viúva que correu ao profeta para que ele a ajudasse, tanto a sair das dívidas, como com orientação. Ele mostrou a ela como ter e manter riqueza na vida.

CAPÍTULO 8

A CABALA DO DINHEIRO KESEF

CAPÍTULO 8

A CABALA DO DINHEIRO KESEF

Para qualquer lado que você for olhar, temos dinheiro envolvido. Em qualquer área da nossa vida, há ligação com dinheiro. Fora do trabalho e das compras, em todos os aspectos do dia a dia, de uma forma ou outra, o dinheiro está envolvido. Essa é a causa de muitos de nós perderem a noção sobre dinheiro e não ter a mínima ideia sobre finanças.

Cerca de 99% das pessoas, além de não saberem lidar com dinheiro ou para que serve de verdade, criam uma dependência emocional com ele. Uma dependência que parece ser de usuário de drogas.

CAPÍTULO 8

Para entender o que significa o dinheiro, o que ele é de verdade e para que serve, nós precisamos entender a Cabala por trás da palavra Kesef, כסף em hebraico.

כסף significa, na tradução literal, vontade, sendo a palavra usada nas escrituras para descrever vontades elevadas e divinas, como KiSuFim, כיסופים.

No livro dos Salmos, capítulo 84, versículo 3, aparece o clamor e a vontade de se conectar com o eterno, com a palavra NIKHSEFA – da raiz de KeSeF.

Anseia e suspira minha alma pelos átrios do Eterno; meu coração e todo meu ser enaltecerão o Deus vivo.

É interessante notar que não há uma palavra que pode descrever o nível de desejo de se conectar com algo maior que nós; portanto, o Rei David, no cântico 84, em Salmos, usa essa palavra:

נכספה גם כלתה נפשי.

O grande sábio cabalista O RAMCHAL – Rabino Moshe Chaim Lutsato escreveu no livro dele (*cartas de aberturas para sabedoria*) que a vontade do Criador é beneficiar as criaturas. Disso veio o conceito chassídico, o propósito do bem é beneficiar. E nós, como criaturas, temos uma única vontade, isso mesmo, única! É beneficiar-nos da luz divina.

Porém, é um grande "mas" nós crescermos num mundo em que o dinheiro é referência para o material, e que dinheiro, por si, só é material. E, sem dinheiro, você terá muitas dificuldades na vida.

A CABALA DO RECIPIENTE E A HISTÓRIA DO PROFETA ELISEU

Eu imagino que você já se perguntou por que os judeus têm muito dinheiro. Ou por que são tão prósperos. No meu livro *O segredo da prosperidade judaica*, eu dei uma explicação bem clara quanto à situação histórica e atual do povo judeu, mas neste capítulo quero abordar algo mais profundo e mais "cabalístico", para que possa revelar algo que revolucione sua vida.

Em uma sociedade, tanto ocidental como oriental, no mundo não judaico, se refere ao conceito de dinheiro como algo negativo, como algo que veio do mal, do tal do "diabo". E é ganância querer ter dinheiro; ser rico é algo ruim, numa sociedade que tem pobres, alguém só pode ser rico se pisa nos pobres; portanto rico significa sucesso, que significa dinheiro; e dinheiro é ruim, de modo que não quero ser uma pessoa ruim. Então, não quero ser rico!

Você pode dizer que não pensa assim, mas, no subconsciente, é essa a conversa que acontece.

E se você for sincero consigo mesmo, por muito pouco, vai perceber que um dos fatores de você não ter dinheiro, se não consegue ganhar muito ou mesmo ganhar bem, mas não consegue segurar, é pelas crenças do subconsciente que você tem; elas bloqueiam-no de prosperar financeiramente, nesse caso.

Como isso acontece? Para entender o processo, vou contar uma história para você. Imagine duas crianças, uma cresce numa casa de empresário grande, e a conversa em casa é sobre dinheiro, o quanto ele consegue fazer e quantos negócios ele fechou ultimamente; viaja

CAPÍTULO 8

o mundo e sempre traz presentes para os filhos; será que como recompensa da ausência do pai?! Ele está nas melhores escolas, e está vivendo no mais alto padrão da sociedade.

A segunda criança cresce num bairro humilde, na periferia da cidade. Como muitos hoje em dia, filho de mãe solteira, que trabalha como diarista, todo mês luta para ter dinheiro suficiente para pagar as contas do mês, estuda numa escola pública, e os únicos que percebe ostentando dinheiro são os traficantes e os marginais que dominam o bairro.

É claro que eu dei somente dois exemplos extremos a fim de explicar, para entender que isso pode estar presente na vida de todos.

A primeira criança, pela circunstância da vida dela, liga dinheiro a felicidade e amor, e passa a vida toda procurando gastar dinheiro para tentar comprar felicidade e amor; nunca consegue nenhum.

A segunda criança, graças à dedicação da mãe, cresceu e aprendeu a ser uma pessoa boa e honesta, mas, na cabeça dela, quem tem dinheiro deve ser criminoso e ruim. Portanto, mesmo ganhando bem, faz que não quer ser pobre; parece que tem buracos nas mãos, que faz o dinheiro escapar dele. Conscientemente, não quer ser uma pessoa ruim.

Ambos têm crenças subconscientes destrutivas, por um simples motivo; e segura firme, isso vai fazer você cair da cadeira: o simples motivo, eles acreditam que dinheiro é algo físico!

A CABALA DO RECIPIENTE E A HISTÓRIA DO PROFETA ELISEU

Sim, você leu certo, seus problemas financeiros com dinheiro começam quando você acredita que dinheiro é algo físico e material. Não estou falando de notas e moedas, sendo que hoje grande parte do dinheiro está na forma virtual. Estou falando do conceito do dinheiro, da ideia de TER algo, e para a maioria de nós, TER significa algo físico!

No mundo judaico tradicional, não pensamos dessa forma! Por isso, abra o capítulo da Cabala sobre o dinheiro com a explicação da palavra "dinheiro" em hebraico, para você entender com simplicidade a nossa visão cabalística do dinheiro.

Dinheiro é uma energia espiritual, ela se manifesta em notas e moedas e em bens materiais, mas como falamos nos capítulos anteriores sobre essa energia, eu vou chamá-la de luz. Essa luz precisa de recipiente, e se esse recipiente não é adequado, a mesma luz que pode alimentá-lo e trazer tudo de bom e do melhor, pode queimá-lo. Por isso, podemos ver traficantes tendo muito dinheiro, sendo que a vontade de entrar no mundo do tráfico como traficante é pelo dinheiro e não pelos benefícios que isso pode trazer para a sociedade. Por isso mesmo, a expectativa de um traficante não passa de 30 anos em 99% das vezes.

Por outro lado, pode ser uma pessoa que cria e constrói uma firma que ajuda milhares de pessoas, mas o foco dela são os ganhos e os lucros. Ganha muito dinheiro, mas gasta tudo em lugares errados e com as pessoas erradas. Tudo volta para o mesmo processo de luz num recipiente. Quando as pessoas focam na

CAPÍTULO 8

luz e não no recipiente, nunca vai sobrar nada e nunca será suficiente. Os sábios do povo judeu ensinam que:

> *"Aquele que tem cem, quer duzentos; se tem duzentos, ele quer quatrocentos..."*
> **Kohelet Raba 1**

Se as pessoas focam somente no dinheiro, na luz, mas não focam no recipiente, a luz não sobra, e muitas vezes nem fica. Por isso, nos estudos judaicos nós aprendemos a focar no recipiente, em vez de ter!

É claro que quanto melhor você se torna, em termos cabalísticos, mais luz você manifesta na sua vida! E dinheiro é apenas uma ferramenta para aumentar seu recipiente e não um recipiente para si.

A importância de entender que o dinheiro é uma energia espiritual que se manifesta na nossa vida simplifica a forma de fazer negócios e a forma como você lida com os outros ou mesmo como você lida com dívidas ou investimentos.

Vou dar um exemplo clássico que já faz parte da nossa história, de alguns séculos: a ideia do socialismo, em que de certa forma todos vivem numa harmonia e igualdade financeira, e cada um contribui com uma sociedade utópica. Seria algo ideal, mas o problema é que o ser humano, e especialmente os idealizadores desse sistema, tratam dinheiro como algo físico. E conforme as leis da física, nenhuma matéria pode ocupar o mesmo espaço do outro ou em dois lugares diferentes; portanto, nessa visão, se alguém tem dinheiro, significa que isso é tirado de outra pessoa, em qualquer forma que seja, se você tem, significa que para o outro faltará.

Com essa forma de pensar, jamais se poderá chegar a uma conclusão utópica.

Mas se você entendeu que dinheiro é uma ferramenta de luz, uma energia espiritual, e que igualmente chama de vela, quanto mais você compartilha, mais você ilumina; e, da sua chama, não faltará nada!

Quando você percebe que o conceito cabalístico do dinheiro é realmente e, sem dúvida, a forma correta de enxergar a vida e a realidade onde vivemos, num mundo físico e com recipientes físicos, com vontades, KISUFIM, para receber a luz divina, nunca mais sentirá a falta, nem você e nem os outros ao seu redor!

Porque a verdade é que não falta dinheiro no mundo! O que você precisa é refinar seu recipiente e aumentá-lo, para que mais luz passe por ele. Quer saber como... Continue lendo o próximo capítulo.

CAPÍTULO 9

A CABALA DA TSEDAKA

צדקה

CAPÍTULO 9

A CABALA DA TSEDAKA
צדקה

Muito já foi falado e escrito sobre a importância da caridade, sobre a grandeza de uma sociedade que se dedica aos projetos sociais para ajudar os demais da comunidade.

Todas as crenças e religiões pregam sobre caridade e cobram os fiéis para fazer caridade. Por fora, parece que são realmente justas e atendem a um chamado divino. Mas quando vai entender o que realmente é o conceito de caridade ou, em hebraico, TSEDAKA, descobrirá o tamanho da grandeza de realmente ajudar um outro ser humano.

CAPÍTULO 9

Na Torá sagrada, nós temos a obrigação de dar o dízimo dos nossos produtos agrícolas para os sacerdotes, levitas e os necessitados. Os sábios também decretam que o dízimo vale para ganhos financeiros.

Imagine o seguinte cenário: você está com uma ideia de negócio e precisa de um investidor; um dia encontra uma pessoa que fala para você que ela tem interesse no seu negócio, e está pronta para investir todo o valor, na manutenção mensal. Ela mesma vai trazer os clientes, mas você precisa estar presente lá no mínimo oito horas por dia, e seis dias por semana. Sua obrigação é abrir e fechar, atender os clientes com atenção e honestidade, e no final do mês o seu investidor pede que, quando for dividir os lucros, para ele você dará 10%, isso mesmo, ele quer somente 10%, e os outros 90% pode ficar com você. Quem negaria um negócio desses? Onde você encontra um negócio em que o investidor fará 90% do negócio e pede somente 10% dos lucros? Os sábios cabalísticos nos explicam que isso é a ideia do dízimo. E o dízimo é para ajudar os necessitados. Pense que os 10% não são seus, mas é a parte dos lucros daquilo que investiu; e mesmo assim, ele não pede para você dar para ele, mas fazer caridade com os demais filhos que estão em aperto.

Ainda falta entender o conceito de TSEDAKA, צדקה, já que o dízimo é nossa obrigação perante a vontade do Criador.

Para entender melhor o conceito de TSEDAKA, vamos olhar a forma das letras em hebraico. A palavra Tsedaka, צדקה, vem da raiz da palavra צדק, justiça. Sendo uma das ideias que os sábios cabalísticos nos ensinam, que além de fazer a caridade, o ato da TSEDAKA é para fazer justiça no mundo!

Antes de você pular e achar que a justiça a que estou me referindo é tirar dos ricos e dar para os pobres, só porque os pobres não temem os ricos, esclareço que essa ideia, mesmo que pareça nobre, é uma distorção do conceito. Se você leu o capítulo do dinheiro, vai se lembrar que eu falei sobre a ideia de que o dinheiro não é físico! Mas é uma energia espiritual que se manifesta na forma de notas e moedas, na forma física. E não falta dinheiro para ninguém! O que falta é vontade! É claro que o pobre quer e tem vontade para ter mais dinheiro. Mas sabemos, como eu falo para meus filhos quando eles dizem que querem algo, "querer é bonito", mas não é suficiente. Portanto, veio o conceito de TSEDAKA, ou melhor, a melhor forma de justificar a sua vinda a este mundo!

Deixe-me explicar: nos capítulos anteriores, eu falei, e também nos meus livros anteriores, sobre a questão da missão de vida e de deixar nosso legado no mundo e na história. Especialmente sobre o valor que você agregou à vida das outras pessoas no mundo. E para falar a verdade, as pessoas, em sua maioria, não vão ser grandes inventoras, grandes líderes de nações, ou multibilionárias, mas todos nós, sem exceção, temos como influenciar a vida de outra pessoa. Uma história que me inspira muito é a que conta sobre o Rebbe de Lubavitch; uma vez, quando saiu do centro mundial do movimento CHABAD no Brooklyn, Nova York, tinha dezenas, senão centenas de pessoas, esperando uma palavra dele. Quando conseguiu entrar no carro para ser levado ao seu compromisso, veio uma pessoa à janela do carro pedir para trocar uma palavra com o Rebbe. O assistente instintivamente afastou a pessoa por

CAPÍTULO 9

motivo de atraso, e entrou para o lado da motorista. Quando saíram, já no caminho, o Rebbe perguntou ao assistente dele por que afastou aquela pessoa? O assistente respondeu que era pelo tempo curto, que já estavam atrasados. O Rebbe respondeu, com tom de melancolia: "E se eu vim a este mundo só para ajudar essa pessoa? Você impediu o cumprimento do meu propósito". Entendem? Rebbe de Lubavitch atendia a milhares de pessoas por dia. Nos anos 1980, fizeram uma pesquisa nos Estados Unidos, e descobriram que a pessoa que mais recebia cartas pelos Correios era o presidente dos Estados Unidos, e a segunda que mais recebia cartas era o próprio Rebbe de Lubavitch. Imagine então a visão dele, de que cada pessoa que ele ajuda pode ser aquela que é o motivo de ele estar neste mundo. Nem todos vão alcançar a fama e a glória que a mídia faz a gente achar que precisa, mas 99,99% de nós conseguem ajudar uma pessoa de cada vez, podemos trazer valor para a vida do outro, uma pessoa de cada vez!

Essa é a ideia da TSEDAKA, que vem da palavra TSEDEK – Justiça, para você entender que é a melhor forma de justificar a sua vinda a este mundo.

Como fazer isso? Entenda que depois que você dividiu os lucros para 10% e 90%, agora está com 100%, que são seus! Esse valor representa a sua vontade e o tamanho do querer, representa o tamanho do seu recipiente e a bênção que você tem, o seu suor e sangue dando para ter o sustento e seus lucros. Ao contrário do que muitos pensam, a TSEDAKA é um conceito que está além do dízimo, porque ela vem da sua parte de 90%! E não do dízimo. Toda a ideia é você dar de você e do que é seu! Não tem graça fazer caridade com dinheiro dos outros, não é?

E quando você entende que dá de si mesmo, é claro que não vai faltar, porque não falta dinheiro na Terra, e você tem a chance de fazer um mundo mais justo, justificando a sua vinda para cá, além de ajudar uma pessoa fisicamente e materialmente.

Os sábios explicam que, quando você faz a TSEDAKA, você realmente é capaz de salvar a vida, não somente do outro, mas também a sua! As escrituras judaicas estão cheias de histórias de pessoas de todos os níveis que fizeram TSEDAKA, e isso literalmente salvou a vida delas! Alguns exemplos das nossas escrituras mostram claramente como a ação da TSEDAKA salva vidas.

Há uma história do livro de Daniel, no capítulo quarto, que conta que o rei Nabucodonosor teve um sonho profético, e pediu que Daniel, sendo o conselheiro mais sábio dele, interpretasse o sonho, já que estava muito perturbado.

Daniel explicou para ele que o sonho falava que ele ficaria por sete anos como um louco, vivendo como animal do campo; e o rei, assustado, questionou o que poderia ser feito. Daniel respondeu que, para se livrar dessa sina, ele precisaria fazer caridade para sustentar pobres e outros necessitados. Apesar de os outros sábios do povo não gostarem de Daniel ter revelado esse segredo para o próprio rei, que destruiu o templo e exilou o povo de Israel da terra santa, o conselho de Daniel deu frutos, e por sete anos o rei Nabucodonosor conseguiu evitar o que o sonho previu. Mas sendo uma pessoa altamente arrogante, ele achou que havia se livrado e parou com a TSEDAKA para os pobres. Então, não passou muito tempo para que ele enlouquecesse, e passou os próximos sete anos vivendo como animal no campo.

CAPÍTULO 9

Agora uma história do Talmud (escrituras sagradas do povo judeu). No tratado de Shabat 156b, encontramos a história sobre o Rabi Akiva. Quando nasceu sua filha, um certo grupo de astrólogos, dos Caldeus, falou para o Rabi Akiva que ela iria morrer no dia do seu casamento.

Guardando por anos o segredo consigo mesmo, chegou o dia do casamento, e a sua filha não morreu. Logo de manhã, ela veio correndo para o seu pai, mostrando um pingente de cabelo com cobra morta pendurada no ponto dela. Intrigado, ele questionou sua filha sobre o que ela fez na noite passada, então a filha explicou que não se lembrava de nada de especial. Rabi Akiva pediu a ela que lembrasse de algo diferente que ela fez ou algo a mais que ela realizou na noite passada. A filha contou a ele que na noite passada ela estava na festa do casamento e percebeu que, do lado de fora, havia um pobre, com vergonha de entrar e pedir o que comer. Ninguém o percebeu; então, ela resolveu, ainda que sendo a noiva, ir até ele e o trouxe para uma das mesas para sentar. Levou um prato de comida para ele. E, depois, ela falou que quando já estava tarde tirou o pingente do cabelo e enfiou na parede do lado, para não perdê-lo, e pegá-lo no dia seguinte. O Rabi Akiva disse a ela que essa cobra iria mordê-la, mas como ela fez uma ação de TSEDAKA, acabou matando a cobra; e finalizou:

"TSEDAKA salva da morte."
Provérbios 10:2 e 11:4

A CABALA DA TSEDAKA צדקה

Vamos para uma história mais recente, sobre um grande ministro judeu de um rei na Europa. Naquela época, não era tão comum um judeu chegar a esse nível do governo europeu.

O rei era inteligente; ele confiou ao ministro judeu mais do que os demais ministros e conselheiros. É claro que essa posição causou muita inveja nos outros ministros não judeus. Com isso, planejaram desgastar sua imagem perante o rei; e como todas as vezes na história, começaram a contar mentiras sobre o ministro judeu. O rei relutou aceitar as denúncias, sabendo o atrito que existia entre os ministros não judeus e seu ministro de confiança. Quando já estava muito acima do que poderia aguentar, aceitou uma proposta dos ministros para pedir que o ministro judeu declarasse sua fortuna e visse quanto ele tinha. Finalizando, o rei descobriria que ele estava o roubando.

O rei chamou o seu ministro judeu, e pediu um relatório escrito de todos os seus bens e patrimônios. O ministro, calmo, solicitou alguns dias para poder preparar tudo e entregar para o rei. Este rei deu para ele uma semana, e depois disso, o ministro entregou um relato detalhado de todos os seus bens e patrimônios. Para a surpresa do rei e para a alegria dos outros ministros, o relatório estava significativamente menor do que era visível. Era nítido para todos que o ministro judeu estava roubando e ainda mentia no relato oficial. Imediatamente, a ordem dada foi botar o ministro judeu na prisão. Imagine a alegria dos outros ministros, depois de conseguirem se livrar do ministro judeu. Passadas algumas semanas, o rei ficou mais calmo e pensativo. Sentiu a necessidade de ouvir o ministro

CAPÍTULO 9

judeu, até então prisioneiro, porque ele mentiu, sendo que era homem sábio e íntegro. Indo à prisão, entrou na cela do seu ex-ministro judeu, e questionou: "Por que relatou tão pouco do que realmente tinha, sendo que seria fácil ser pego e desmentido?!" O ministro respondeu: "Meu caro rei, eu jamais mentiria para vossa excelência. Eu escrevi o relatório dos valores da TSEDAKA que fazia, sendo que isso está escrito lá em cima, com Deus. Depois da minha morte, a única coisa que vou levar comigo são os méritos dos valores, que exerci com a caridade. Vossa excelência, é testemunha de que tudo o que era bem material, na verdade, não era nada meu; num segundo, tudo foi tirado de mim e fiquei sem nada, e ainda fui levado à prisão.

O rei, vendo a sabedoria do seu ministro, entendeu perfeitamente que ele tinha relatado a verdade sobre seus bens e patrimônios, e viu como ele era ainda mais sábio do que pensava antes. É claro que imediatamente mandou tirá-lo da prisão e o reconduziu de volta ao cargo de ministro, com o ofício de primeiro-ministro, a mão direita do rei.

Eis nossa história sobre resultados e o benefício de fazer a ação da TSEDAKA. Porém eu quero propor dois desafios a serem aplicados imediatamente. O primeiro: separe já o valor para ajudar os necessitados e faça isso toda semana, todo mês e, se possível, todo dia!

O segundo desafio: não seja igual ao rei Nabucodonosor, que somente procurou o benefício da TSEDAKA; inspire-se na filha do Rabi Akiva, que fez a TSEDAKA porque era a coisa certa a fazer, sem esperar nada de volta!

Será que consegue?

CAPÍTULO 10

PONTO-FINAL OU PONTO DE PARTIDA: NEGÓCIOS E FÉ

CAPÍTULO 10

PONTO-FINAL OU PONTO DE PARTIDA: NEGÓCIOS E FÉ

O maior erro que vejo as pessoas fazendo, e sendo sincero, eu também cometi, é entrar num negócio ou empreendimento pela fé de que vai dar certo, pelo ânimo dos outros, botando em você, naqueles eventos de vendas corporativas, ou de especialistas da Internet vendendo a mais nova estratégia para riqueza ou curso que garante sucesso, acredita que vai dar certo. Outra coisa que leva muitos ao fracasso é a ideia de que "você precisa mentalizar,

CAPÍTULO 10

acreditar, desejar, e o universo vai dar tudo o que você quiser". Isso é uma das maiores mentiras que existem no mundo da ilusão da mentoria de negócios!

Eu expliquei nos capítulos anteriores sobre a questão de querer e de desejar, trata-se de um fator importante e essencial para revelar seu sucesso! É só o primeiro passo. No entanto, 99% param lá, e quando não acontece nada, ficam frustrados; por um lado; por outro lado, seguem a pregação ilusionista de que "não mentalizaram forte suficiente". Então, eu lhe pergunto: "Você ainda pensa, realmente, que em nosso mundo da ação as coisas vão acontecer sem você colocar as mãos na massa?!"

Entenda que, no princípio, ninguém vai lhe falar que alcançou o sucesso só por mentalizar e desejar. Não que não tenha feito isso, mas se você questiona o que fez para ela obter êxito, é a combinação de mentalidade bem formada e resolvida com ação bem focada e definida.

Em hebraico, não existe uma palavra para fé, mesmo você colocando no Google Tradutor, e vai aparecer emuna - אמונה, mas a palavra emuna não significa fé!

Há quem utilize o conceito de fé para admitir que não sabe. Isso mesmo, quando a pessoa responde "eu acredito que sim ou não, fulano ou tal" significa que não tem conhecimento. Por exemplo, suponha que precise levar seu filho ao médico e, Deus nos livre, o médico, depois de um exame longo e cansativo, ele olha para você e fala "Eu acredito que seu filho tem x ou y. Talvez ele tome tal remédio, isso pode ajudar". Então, como pai ou mãe responsável, preocupado, você questiona: "Doutor, você tem certeza?", e o médico responde: "Eu acredito que sim", meio titubeando.

Como pessoa calma e calculista, você procuraria mais uma opinião de outro profissional. Para sua surpresa, o outro médico faz um exame rápido, olha para você e fala: "Isso é apenas uma gripe, algo comum nesta época do ano. Dê sopa quente e muito líquido; a criança precisa descansar. Passa logo", surpreso com a resposta, você questiona: "Mas, doutor, como assim? Só isso mesmo?". O médico, confiante, responde, "Olha, eu atendo dezenas de casos assim por dia. Explico a todos a mesma coisa, e lembre-se de que estudei para isso! Eu SEI do que falo."

Uma pergunta: em quem você teria mais confiança? Naquele médico que acha que acredita? Ou no médico que sabe do que fala, por experiência e por conhecimento?! É claro que nem precisa me responder, mas eu vou lhe perguntar, por que você vai entrar em uma aventura financeira com base em achismo ou na fé?

Não que você não precise ter fé, mas quando você pode alcançar o conhecimento para tomar alguma decisão, por qual motivo você não faria isso?

Os sábios explicam para nós que EMUNA – אמונה – vem da raiz de Amen – אמן, sendo a raiz também da palavra IMUN – אימון que significa treino, algo a ser praticado constantemente. Incrível que, quanto mais pratica qualquer atividade, mais "acredita" em suas habilidades, porém a verdade é que fé ou acreditar não tem nada a ver com isso!

Vou explicar melhor: você já ouviu falar das seguintes frases, ditas por algumas pessoas: "Eu acre-

CAPÍTULO 10

dito no que vejo" ou "Ver para crer", mas se você vê, você SABE! Acreditar não faz diferença mais, sendo que VER É SABER, e não crer. Até chegar a ser prova de falta de inteligência alguém afirmar que para acreditar ele precisa ver. O que diferencia o ser humano do mundo animal é a inteligência de entender dados e fatos e chegar a uma conclusão racional na base do conhecimento!

Fé é quando você não tem conhecimento de algo, e por falta de entendimento, você tenta justificar a sua falta de conhecimento como fé. Mas Emuna, no mundo judaico, é a busca para entender aquilo que você ainda não tem conhecimento. Quer acreditar mais em Deus? Procure ter mais conhecimento do Criador. Quer ter mais sucesso em negócios e acreditar mais numa indústria ou empreendimento que seja? Estude mais sobre o assunto e procure mais conhecimento!

Não confunda a falta de inteligência e Ego inflamado com fé ou ser uma pessoa espiritual. Se você não tem conhecimento de algo, você tem duas opções: em vez de falar que não acredita, simplesmente admita que você não sabe e não tem conhecimento suficiente para responder. A segunda opção é buscar conhecimento quanto aos assuntos que você acredita que sejam ou não verdade.

Quanto mais você faz, mais você acredita, pelo motivo de que você conhece os resultados de tais ações.

Em termos científicos, qualquer teoria criada na cabeça de um cientista está baseada numa crença do resultado que vai dar no final. Agora, ele precisa provar e testar a sua FÉ na teoria, para que ela se torne um fato.

PONTO-FINAL OU PONTO DE PARTIDA: NEGÓCIOS E FÉ

Nos negócios, é isso mesmo! Você tem metas e objetivos, ou resultados que você quer alcançar, e precisa formar um plano de negócio sistemático para realizar aquela fé e torná-lo um fato! Veja, as grandes invenções do século passado eram todos baseadas na fé ou na teoria na cabeça do inventor, buscando mais conhecimento, mais teste e experiência, até que o "não saber" vire prova incontestável.

Procure seu produto, seu serviço, seu público. Procure conhecimento e monte um plano de negócio. Crie metas diárias semanais mensais e anuais. E vá em frente!

E se acontece algo que você não entenda ou não saiba, não há problema. Avalie seu estado racionalmente, faça as contas, e reajuste! Agora, acredite que você é capaz! Porque você SABE que é capaz!

CAPÍTULO 11

E AGORA? QUAL SERÁ O MEU PRÓXIMO PASSO?

CAPÍTULO 11

E AGORA? QUAL SERÁ O MEU PRÓXIMO PASSO?

Transformar a praga e o sofrimento em prazer!

Em Israel, temos o costume de, quando alguém nos cumprimenta, "Como você está?", responder "tudo está em ordem", ou em hebraico, HAKOL BESEDER – הכל בסדר. Significa que, mesmo que você esteja em tumulto, e a vida pareça não estar nada bem, está tudo em ordem.

É claro que a Cabala nos explica a importância da ordem e da sequência das coisas, para que alcance suas metas e, como fim, o prazer.

CAPÍTULO 11

O ser humano, na base, é movido por dois impulsos:

1. A busca pelo prazer.
2. Fugir do sofrimento.

A maioria confunde prazer momentâneo e material com o prazer que a alma está buscando, e evita qualquer dor que seja por medo de sentir aquela sensação de sofrimento que, na verdade, também é algo momentâneo. Esse círculo vicioso é uma das maiores causas de tudo o que é mau e ruim na sua vida!

Quando estamos numa corrida animalesca atrás do prazer, evitando o sofrimento, estamos vivendo uma ilusão de que alcançaremos o prazer divino algum dia.

Nossa vontade verdadeira é o prazer divino, aproveitar a luz divina que nos alimenta e dá prazer, além de qualquer coisa material. Porém, em nosso mundo físico limitado, nós interpretamos essa vontade da alma com bens materiais ou mal material, como doenças ou fracassos nos negócios ou em relacionamentos.

O material é limitado, é finito, então nunca vai ser suficiente e nunca vai saciar nosso desejo de nos conectar com o criador, com a fonte de tudo de bom e do melhor!

Pessoas sofrem, pessoas ficam depressivas; mesmo tendo muitos bens materiais, não conseguem ficar felizes e contentes, pelo simples motivo de que o desejo delas nunca é físico, mas um desejo espiritual e nobre.

Uma observação: o Criador, Deus, quer nos beneficiar

com tudo de bom e do melhor, espiritual e materialmente. Mas, para isso, nós temos que entender a ordem das coisas do jeito que foram criadas, como explicamos neste livro.

Quero mostrar para vocês algo fenomenal, como isso aparece na Torá.

"E saía um rio do Éden para regar o jardim."

Gênesis 2:10

וְנָהָר יֹצֵא מֵעֵדֶן, לְהַשְׁקוֹת אֶת-הַגָּן;

Podemos perceber nesse versículo a ordem; primeiro temos o ÉDEN – עדן, e dele sai um RIO – נהר, para regar o JARDIM – גן. Claramente, vemos uma ordem aqui. O mais incrível é que, se pegarmos a primeira letra de cada uma das palavras acima, do ÉDEN – ע, do RIO – נ e da última, JARDIM – ג, nós vamos receber a palavra PRAZER – ONEG – ענג.

O Éden é a fonte, e o influenciador, o jardim é o recipiente, e o rio é a vontade de receber, é o canal de beneficiar com o jardim.

Imagine se nós pegarmos o rio para outros usos que não são conforme a ordem para a qual foi criado e utilizarmos para alimentar nossa vontade de maneira egoísta. Receberemos o seguinte resultado:

O RIO – נ que é a vontade e a luz, depois vem o JARDIM – ג que é o recipiente com a vontade de receber para ele mesmo (veja o capítulo sobre o assunto) e, no final, o ÉDEN – ע, vamos receber a palavra NEGA – PRAGA – נגע.

CAPÍTULO 11

Se insiste em pular etapas, seguir atalhos e não respeitar a ordem das coisas, prepare-se, você está indo para um caminho de sofrimento! Pode ser uma praga emocional, física ou financeira. A escolha é sua! Quando você percebe que tudo está em ordem, e essa ordem é justamente para que você receba tudo o que é seu, do bom e do melhor, você consegue evitar o sofrimento. Mas saiba que, para muitos de nós, seguir a ordem segura esse instinto animalesco, de correr atrás do prazer e evitar a dor. Só o fato de resistir, e insistir na ordem das coisas, vai causar muita dor, muita dor mesmo, mas o resultado é que você consegue um fluxo de prazer, de ONEG constante.

Uma vez, um indivíduo simples e bem pobre chegou ao rabino e confidenciou que, na casa dele, que já era pequena demais, com cinco filhos, ele e a esposa, não era mais possível viver, nem teria como ir para outro lugar, já que não havia recursos financeiros para alugar outro imóvel. O rabino perguntou como ele ganhava seu pão, então o pobre respondeu: "Eu tenho uma cabrita que dá leite e, com isso, tentamos sobreviver"; e o rabino continuou. "A cabrita fica onde?" – "Ela fica em um quintal pequeno, na frente da casinha".

O rabino, então, sugeriu ao homem que colocasse a cabrita dentro da casa por uma semana.

O homem, humildemente, sem entender, seguiu o conselho do rabino e voltou para casa, colocando a cabrita para dentro.

Depois de uma semana, o homem chegou correndo, desesperado, para o rabino, quase gritando: "Rabino, posso tirar a cabrita de casa?". O rabino perguntou "Por que o desespero?". O homem respondeu que a casa, que já era pequena, parecia ter ficado menor ainda, minúscula, com a cabrita dentro.

A cabrita comia tudo o que podia, a palha das camas, as cadeiras, sem falar dos legumes, que eram para alimentar os humanos. Havia ainda o problema com as fezes e o odor.

O rabino então falou para o homem: "Segure-se por mais uma semana". E mandou-o embora.

Depois da segunda semana, o homem voltou, parecendo ter perdido o equilíbrio; além de tudo, não dormia mais nem podia descansar na própria casa; a cabrita se apossara da residência. Nesse momento, o rabino falou para o homem que poderia tirá-la de casa e colocá-la no quintal de volta.

Passados dois dias, o homem voltou ao rabino, agradecendo, já que agora ele tinha uma casa tão espaçosa, confortável e limpa!

O que mudou? A percepção dele, do que ele tem ou não tem.

A ideia deste livro é ensinar você a ter a bondade e receber bênção em seus negócios e na vida em geral. Saiba que tudo tem uma ordem, tudo tem um processo, até chegar a você; seja um processo mental, espiritual ou físico – no mundo da ação!

Vou finalizar com alguns mantras, que eu mesmo uso para focar em minhas metas e no meu processo, conforme a ordem criada para eu receber tudo de bom e do melhor.

CAPÍTULO 11

1. Não há crescimento sem dor.
2. Conforto não torna as pessoas grandes.
3. Emoções e finanças não andam juntas.
4. Pessoas pequenas não criam coisas grandes.
5. Respeite o seu processo, é seu! Ninguém tem a ver com isso!
6. Pare de chorar! Ninguém deve nada a você!
7. O que é seu vai dar um jeito de chegar até você.
8. Sem desespero.
9. Não atrapalhe que Deus lhe dê o que ele quer dar!
10. No final, tudo vai dar certo! Se não deu certo ainda, é porque não chegou ao final!

Sucesso e bênção, material e espiritualmente.

O Seu Rabino,
Dor Leon Attar

FSC
www.fsc.org
MISTO
Papel produzido
a partir de
fontes responsáveis
FSC® C133282